中国棉花产业发展研究报告
（2022年）

主　编　周万怀　刘从九　李　浩
副主编　胡春雷　张若宇　徐守东
　　　　张雪东　李明杰

中国商业出版社

图书在版编目(CIP)数据

中国棉花产业发展研究报告.2022年 / 周万怀,刘从九,李浩主编.——北京：中国商业出版社，2022.10
ISBN 978—7—5208—2256—5

Ⅰ.①中… Ⅱ.①周…②刘…③李… Ⅲ.①棉花—产业发展—研究报告—中国—2022 Ⅳ.①F326.12

中国版本图书馆 CIP 数据核字(2022)第 180644 号

责任编辑：李 飞

（策划编辑：蔡 凯）

中国商业出版社出版发行

(www.zgsycb.com 100053 北京广安门内报国寺1号)
总编室：010—63180647 编辑室：010—83114579
发行部：010—83120835/8286

新华书店经销

北京军迪印刷有限责任公司印刷

*

787毫米×1092毫米 16开 12.75印张 220千字
2022年10月第1版 2022年10月第1次印刷

定价：68.00元

* * * *

（如有印装质量问题可更换）

中国棉花产业发展研究报告(2022年)编委会

主　　任　　丁忠明　冯德连
副 主 任　　秦立建　方　鸣
委　　员　　丁忠明　冯德连　秦立建　方　鸣
　　　　　　刘从九　计　慧　李　想　唐　敏
　　　　　　徐守东　董晓波　周万怀
秘　　书　　徐冠宇
主　　编　　周万怀　刘从九　李　浩
副 主 编　　胡春雷　张若宇　张雪东
　　　　　　徐守东　李明杰

编写人员

杨莲娜　李庆旭　梁后军　杨照良　吴晓红
李孝华　何锡玉　阮旭良　王瑞霞　韩　金
沈吉强　高海强　关纪培　钱　欣　魏　兵
程远欣　李怀坤　宋利涛　牛海波　谭志芳
赵　萌　李梦辉　刘　洋

前　言

棉花既是重要的纺织原材料，又是重要的战略物资，被广泛用于纺织、医疗和军事等领域，棉花还与上游的农机制造、农资生产等产业紧密关联。在当前国际政治与经济环境下，国外一些势力基于捏造的谎言试图以新疆棉花为突破口，打击国内棉花产业、纺织业以及相关产业链。在此背景下，持续深入研究我国棉花产业的发展状况不仅具有重大的经济和社会效益，还具有重要的战略意义。

《中国棉花产业发展研究报告（2022年）》由5部分组成，分别为棉花种植与生产、棉花消费与贸易、双循环背景下构建棉花产业新发展格局、棉花加工和产业研究动态。棉花种植与生产部分基于多项官方权威数据分析了国内外棉花种植面积、产量等变化趋势；棉花消费与贸易部分主要基于世界粮农组织、国家统计局、农业农村部等组织和部门的权威数据分析了棉花进出口贸易概况、价格走势、仓储和消费情况；双循环背景下构建棉花产业新发展格局研究分析了棉花产业的国内循环与国际循环之间的关系，提出构建棉花产业发展的新格局既要畅通国内循环，也要坚持开放的国内国际双循环；棉花加工报告部分从棉花加工机械、棉花打包机、棉花清理机、棉花调湿通风除尘成套设备、棉籽深加工、机采棉品质快速检测和质量追溯系统以及棉花包装材料等方面分别叙述棉花加工；产业研究动态部分详细列举了2020—2021年度国内在棉花领域的科研投入和产出情况，具体从项目、论文和专利三个方面分析了当前国内棉花相关科学研究整体状况及水平和存在的问题，为相关职能部门和机构提供借鉴和参考。

本报告撰写过程中得到了中国棉麻流通经济研究会、中国棉花协会棉花工业分会、全国棉花加工标准化技术委员会、中华全国供销合作总社郑州棉麻工程技术设计研究所、中华棉花集团有限公司、北京智棉科技有限公司、山东天鹅股份有限公司、石河子大学、邯郸润棉机械制造有限公司、南通棉花机械有限公司、南通御丰塑钢包装有限公司和新疆晨光生物科技集团有限公司等单位的大力支持，在此一并表示感谢！

安徽财经大学 周万怀

2022 年 7 月

目 录

第1章 棉花种植与生产报告 (1)
  1.1 国内棉花种植与产量 (1)
    1.1.1 近年国内棉花种植分布概况 (1)
    1.1.2 近年国内棉花产量分布概况 (6)
  1.2 国际棉花种植与产量 (11)
    1.2.1 全球棉花种植面积分布概况 (11)
    1.2.2 全球籽棉产量分布概况 (18)
    1.2.3 全球皮棉产量分布概况 (25)
    1.2.4 全球棉花单产概况 (32)
  1.3 棉花品种 (37)
  1.4 小结 (43)

第2章 棉花消费与贸易报告 (44)
  2.1 棉花进出口贸易 (44)
    2.1.1 全球棉花供应和分配状况 (44)
    2.1.2 全球棉花的贸易规模 (46)
    2.1.3 主要国家的棉花贸易 (46)
    2.1.4 我国棉花贸易 (47)
    2.1.5 影响我国棉花进口的主要因素 (49)
  2.2 棉花价格 (50)
    2.2.1 国际棉花价格变动 (50)
    2.2.2 中国棉花价格变动 (51)
    2.2.3 中国棉花进口价格变动 (52)
  2.3 棉花仓储 (53)

目 录

    2.3.1 全球棉花库存的变化 …………………………………………… (53)
    2.3.2 中国棉花库存变化 ………………………………………………… (54)
  2.4 棉花消费 …………………………………………………………………… (55)
    2.4.1 全球棉花消费的变化 …………………………………………… (55)
    2.4.2 中国棉花的消费情况 …………………………………………… (57)
    2.4.3 影响棉花消费的主要因素 ……………………………………… (58)
  2.5 小结 ………………………………………………………………………… (58)

第3章 双循环背景下构建棉花产业新发展格局的报告 …………………… (59)
  3.1 引言 ………………………………………………………………………… (59)
  3.2 当前中国棉花产业发展面临的内外部环境 …………………………… (59)
    3.2.1 国际市场面临较大不确定性 …………………………………… (59)
    3.2.2 中国棉花生产受到资源及环境的制约 ………………………… (60)
    3.2.3 中国棉花消费稳中有升,棉花产需之间存在较大缺口 ……… (61)
    3.2.4 国内棉花市场运行存在结构性矛盾 …………………………… (62)
  3.3 中国棉花产业链的形成和发展 ………………………………………… (62)
    3.3.1 上游环节:棉花的育种与生产 ………………………………… (62)
    3.3.2 中游环节:棉花的加工 ………………………………………… (66)
    3.3.3 下游环节:棉花国内流通及进口 ……………………………… (67)
  3.4 中国棉花产业发展存在的问题 ………………………………………… (70)
    3.4.1 产业组织成本高,产业化水平低 ……………………………… (70)
    3.4.2 产业链部分关键环节存在一定的短板 ………………………… (72)
    3.4.3 产品结构与产品品质不优 ……………………………………… (74)
    3.4.4 产业上中下游相对独立,各环节合作机制有待加强 ………… (75)
  3.5 棉花产业双循环发展的内涵与实施路径 ……………………………… (76)
    3.5.1 畅通国内大循环:棉花产业提质升级 ………………………… (76)
    3.5.2 棉花产业的外循环:优化棉花对外开放 ……………………… (80)
  3.6 棉花产业双循环发展的政策建议 ……………………………………… (84)
    3.6.1 深化供给侧结构性改革,提升产业链现代化水平 …………… (84)
    3.6.2 实施创新驱动,营造良好的产业生态环境 …………………… (85)

　　　　3.6.3　优化棉花对外开放，推进与"一带一路"沿线国家全面合作……
……………………………………………………………………………………(86)
　　　　3.6.4　制定棉花产业安全新战略……………………………………(87)
　　　　3.6.5　推动构建棉花产业国际经贸合作新格局………………………(88)
　　3.7　小结………………………………………………………………………(89)
第 4 章　棉花加工报告………………………………………………………(90)
　　4.1　棉花加工机械发展现状…………………………………………………(90)
　　　　4.1.1　锯齿轧花机…………………………………………………(90)
　　　　4.1.2　锯齿剥绒机…………………………………………………(91)
　　　　4.1.3　采棉机………………………………………………………(93)
　　4.2　棉花打包机发展现状……………………………………………………(94)
　　　　4.2.1　棉花打包机的技术进展……………………………………(94)
　　　　4.2.2　棉花打包机的相关问题……………………………………(97)
　　4.3　机采棉清理工艺及设备发展现状………………………………………(98)
　　　　4.3.1　清理设备发展概况…………………………………………(98)
　　　　4.3.2　籽棉异性纤维清理机………………………………………(99)
　　　　4.3.3　清铃机………………………………………………………(100)
　　　　4.3.4　皮棉清理机…………………………………………………(101)
　　4.4　棉花调湿与通风除尘成套装备与技术发展现状………………………(103)
　　　　4.4.1　棉花调湿技术与装备发展现状……………………………(103)
　　　　4.4.2　棉花通风除尘技术与装备发展现状………………………(105)
　　　　4.4.3　意见与建议…………………………………………………(106)
　　4.5　棉籽及其深加工产品产业现状分析……………………………………(107)
　　　　4.5.1　棉籽及其深加工产品产业概述……………………………(107)
　　　　4.5.2　棉籽加工工艺简介…………………………………………(107)
　　　　4.5.3　棉籽加工行业现状…………………………………………(110)
　　　　4.5.4　棉籽加工行业展望…………………………………………(112)
　　4.6　机采棉品质快速检测和质量追溯系统…………………………………(113)
　　　　4.6.1　背景简介……………………………………………………(113)
　　　　4.6.2　技术方案……………………………………………………(113)

目 录

  4.6.3 现场应用情况 ……………………………………………… (118)
  4.6.4 发展趋势 …………………………………………………… (119)
 4.7 棉花包装材料与技术发展现状 …………………………………… (119)
  4.7.1 棉花包装材料技术要求和加工企业质量评价标准 ……… (119)
  4.7.2 《棉花包装 聚酯捆扎带》国家标准英文版 ……………… (121)
  4.7.3 研制机采籽棉专用聚乙烯包装膜行业标准赋能棉花产业链 ……
                              (122)
 4.8 小结 ………………………………………………………………… (124)

第5章 产业研究动态 …………………………………………………… (125)
 5.1 科研项目 …………………………………………………………… (125)
  5.1.1 总体情况简介 ……………………………………………… (125)
  5.1.2 主要涉棉科研机构概况 …………………………………… (132)
  5.1.3 主要研究内容概况 ………………………………………… (136)
 5.2 论文发表 …………………………………………………………… (141)
  5.2.1 总体情况简介 ……………………………………………… (141)
  5.2.2 主要研究机构概况 ………………………………………… (148)
  5.2.3 主要研究内容概况 ………………………………………… (150)
 5.3 专利授权 …………………………………………………………… (154)
  5.3.1 总体情况简介 ……………………………………………… (154)
  5.3.2 主要研究机构概况 ………………………………………… (167)
  5.3.3 主要研究内容概况 ………………………………………… (169)
 5.4 小结 ………………………………………………………………… (180)

附录 2021/2022棉花年度行业大事记 ………………………………… (181)
 附录1 强化标准实施和应用 ……………………………………… (181)
 附录2 加大行业急需的标准制定修订工作力度 ………………… (181)
 附录3 组织"棉花加工技术与标准化"和新标准宣贯培训 ……… (182)
 附录4 加强与ISO沟通，促成关键技术指标的认可与采纳 …… (183)
 附录5 组织开展"世界标准日"系列宣传活动 …………………… (183)
 附录6 中国棉花加工行业产业发展报告 ………………………… (184)
 附录7 全国棉花加工标准化技术委员会2021年度工作会议 …… (185)

附录 8　《"中国棉花"生产管理规范》发布 …………………………………（186）
附录 9　2022 中国棉业发展高峰论坛 ……………………………………（186）
附录 10　中国棉花协会四届五次理事会 …………………………………（187）
附录 11　农业农村部：2022 年棉花中后期生产管理技术指导意见……（188）
附录 12　USDA 下调 2022/2023 年度全球棉花消费和产量 ……………（188）
附录 13　中国棉花协会参加国际棉花协会合作委员会线上会议 ……（189）
附录 14　商务部新闻发言人就美国实施涉疆产品全面禁令发表谈话………
　　　　　………………………………………………………………………（189）
附录 15　2022 年棉花智能打包新技术研讨会 …………………………（190）

第1章 棉花种植与生产报告

1.1 国内棉花种植与产量

1.1.1 近年国内棉花种植分布概况

源自国家统计局的数据显示,2016—2022年我国棉花播种面积整体状况如图1-1所示。可见,2016—2018年我国棉花播种面积整体呈现上升趋势,于2018年播种面积达到近年播种面积的峰值,较2016年上升4.88%。自2019年起开始小幅回落,到2020年棉花播种面积由2018年的高峰3354.41千公顷下降至3169千公顷,下降幅度为5.53%。另据纺织网引用农业农村部棉花供需形势分析数据显示,2021年全国棉花播种面积进一步缩减至约3107千公顷,相较于2020年下降了2%[①],2022年全国棉花播种面积3034千公顷,较2021年播种面积持续下降2%。

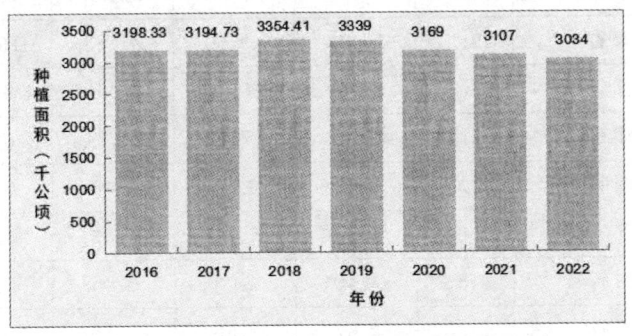

图1-1 2016—2022年我国棉花播种面积

---

① 农业农村部.2021年8月棉花供需形势分析[EB/OL].纺织网. http://info.texnet.com.cn/detail-864866.html.2021.8.12.

第1章 棉花种植与生产报告

表1-1列举了2016—2021年全国各省份棉花播种面积情况。可以看出2016年全国共有28个省份(包含自治区和直辖市)种植棉花,其中播种面积在100千公顷以上的省份6个,分别为新疆维吾尔自治区、河北省、山东省、湖北省、安徽省和湖南省;2017年全国种植棉花的省份减少至19个、缩减32.14%,其中播种面积在100千公顷以上的省份4个、降幅33.33%,湖南棉花种植规模缩减至100千公顷以下;2018年全国种植棉花的省份为23个,但部分省份的棉花种植面积逐年减少,到2021年,全国种植棉花的省份减少至14个;截至2021年,全国棉花播种面积在100千公顷的省份有新疆维吾尔自治区、河北省、山东省、湖北省。

表1-1 2016—2021年全国各省份棉花播种面积概况

序号	省份	年度播种面积(千公顷)					
		2016年	2017年	2018年	2019年	2020年	2021年
1	新疆维吾尔自治区	2059.60	2217.47	2491.30	2540.50	2501.90	2506.10
2	河北省	230.86	220.60	210.39	203.89	189.20	139.80
3	山东省	279.13	174.67	183.27	169.28	142.90	110.20
4	湖北省	204.96	204.80	159.26	162.83	129.70	120.70
5	安徽省	110.06	88.13	86.30	60.30	51.20	34.40
6	湖南省	106.50	95.67	63.90	63.00	59.50	60.20
7	江西省	67.04	69.00	46.69	42.70	35.00	11.00
8	河南省	50.03	40.00	36.68	33.80	16.20	11.50
9	甘肃省	29.11	15.22	19.40	21.53	19.33	16.20
10	江苏省	31.70	21.00	16.60	11.60	8.40	5.80
11	天津市	12.93	20.67	17.10	14.11	8.80	3.70
12	陕西省	12.04	8.47	6.92	5.46	0.00	0.00
13	浙江省	5.62	4.53	5.71	5.62	4.80	4.00
14	四川省	4.53	4.40	4.03	2.85	2.30	2.10
15	山西省	3.53	2.87	2.58	2.26	1.10	0.00
16	广西壮族自治区	1.54	1.27	1.21	1.11	1.10	1.10
17	贵州省	1.84	1.40	0.65	0.44	0.00	0.00

续表

序号	省份	年度播种面积(千公顷)					
		2016年	2017年	2018年	2019年	2020年	2021年
18	上海市	0.34	0.40	0.09	0.06	0.00	0.00
19	内蒙古自治区	0.22	0.00	0.08	0.07	0.00	0.00
20	福建省	0.11	0.10	0.09	0.05	0.00	0.00
21	广东省	0.26	0.00	0.00	0.00	0.00	0.00
22	云南省	0.08	0.00	0.02	0.01	0.00	0.00
23	辽宁省	0.07	0.00	0.01	0.01	0.00	0.00
24	北京市	0.04	0.00	0.01	0.01	0.00	0.00
25	重庆市	0.05	0.00	0.00	0.00	0.00	0.00
26	宁夏回族自治区	0.04	0.00	0.00	0.00	0.00	0.00
27	西藏自治区	0.04	0.00	0.00	0.00	0.00	0.00
28	海南省	0.02	0.00	0.00	0.00	0.00	0.00
29	黑龙江省	0.00	0.00	0.00	0.00	0.00	0.00
30	吉林省	0.00	0.00	0.00	0.00	0.00	0.00
31	青海省	0.00	0.00	0.00	0.00	0.00	0.00
32	台湾省	—	—	—	—	—	—
33	香港特别行政区	—	—	—	—	—	—
34	澳门特别行政区	—	—	—	—	—	—

1.各省份棉花播种面积变化趋势

图1-2展示了2016—2021年全国各省份棉花播种面积变化趋势。结合表1-1中的数据可以发现,除新疆外,其他省份棉花种植规模均呈现缩减趋势。如位居第2位的河北省棉花种植规模从2016年的230.86千公顷下降至2021年的139.8千公顷,总降幅为39.44%,年均降幅为7.89%;位居第3位的山东省棉花种植规模从2016年的279.13千公顷下降至2021年的110.20千公顷,总降幅为60.52%,年均降幅为12.10%;位居第4位的湖北省棉花种植规模从2016年的204.96千公顷下降至2021年的120.70千公顷,总降幅41.11%,年均

第1章 棉花种植与生产报告

降幅8.22%;位居第5位的安徽省棉花种植规模从2016年的110.06千公顷下降至2021年的34.40千公顷,总降幅68.74%,年均降幅为13.75%。其他省份的棉花种植规模也出现与以上4个省份类似的下降趋势,此处不再一一赘述。

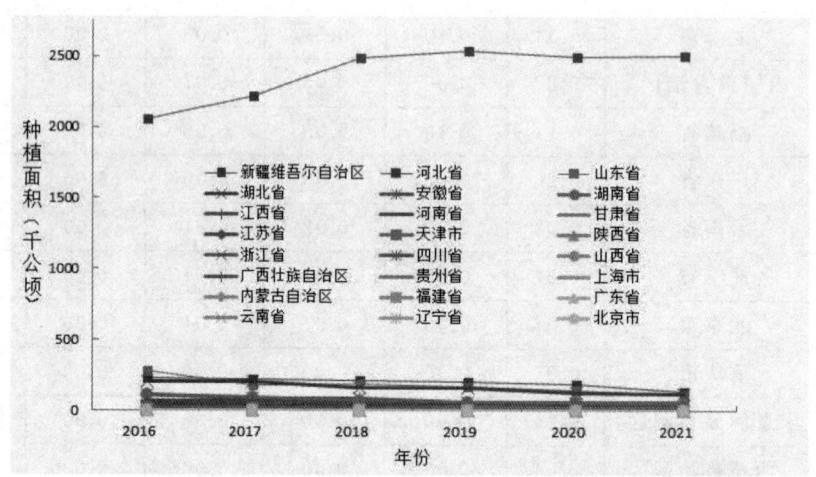

图1-2　2016—2021年全国各省份棉花播种面积变化趋势
(为了简化图表,播种面积为0的省份未出现在该图中)

2.规模以上种植省份占比变化趋势

图1-3和表1-2详细展示了主要产棉省份的棉花播种面积和占比情况。将播种面积排名前5位的省份各自独立分析,排名在前5位之外的省份归类为其他省份,并将它们的棉花播种面积求和。由图1-3可以看出,排名第1位的主产区的棉花播种面积占比在2016—2021年逐年上升,结合1.1.1节中的数据可知原因在于2016—2021年,排名第1位的新疆棉花播种面积本身处于上升的趋势,此外国内的其他主要产棉区的棉花播种面积均逐年减少,故而新疆的棉花种植面积的占比得以快速提升;相反,排名第2~5位的棉花主产区以及其他棉花产区的棉花播种面积占比在2016—2021年逐年减少,而新疆的棉花播种面积又有所增加,故而其他产区的棉花播种面积占比快速减少。由表1-2可以看出,新疆棉花播种面积占比由2016年的64.12%上升至2021年的82.81%,河北棉花播种面积占比由2016年的7.19%下降至2021年的4.61%,山东棉花播种面积占比由2016年的8.69%下降至2021年的3.64%,湖北棉花播种面积占比由2016年的6.38%下降至2021年的3.96%,安徽棉花播种面积占比由

2016 年的 3.43% 下降至 2021 年的 1.13%，其他省份棉花播种面积占比从 2016 年的 10.20% 下降至 2021 年的 3.82%；总体而言，排名前 5 位的主产省份的棉花播种面积占比由 2016 年的 89.80% 上升至 2021 年的 96.18%，棉花生产呈现快速集中趋势。

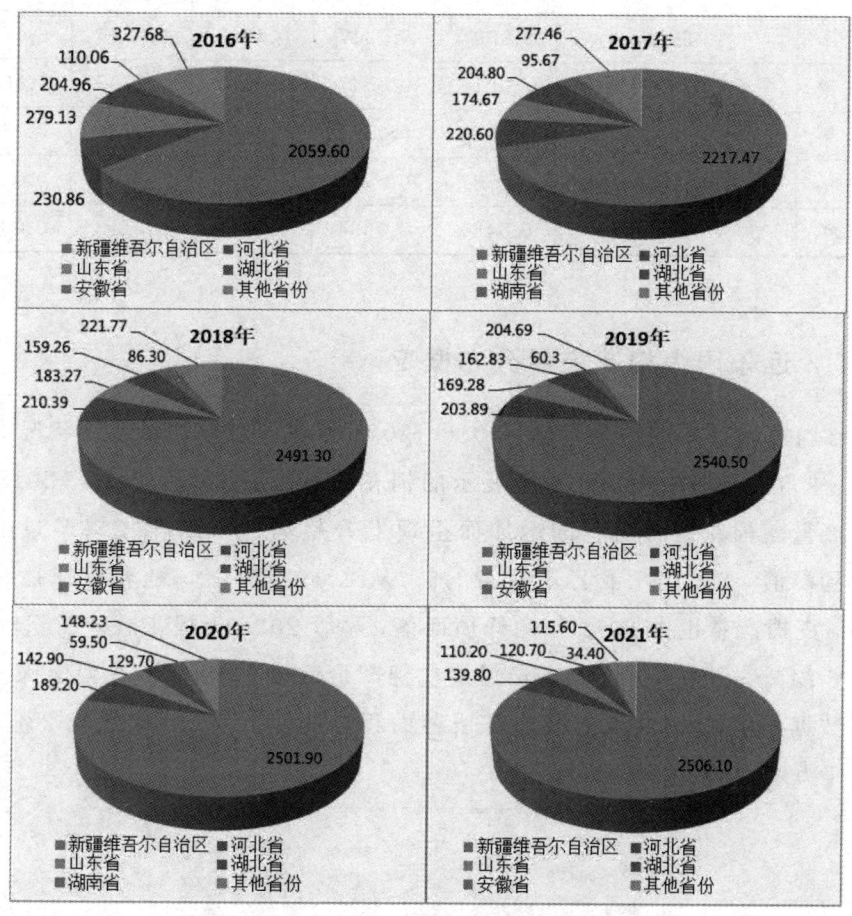

图 1-3　2016—2021 年全国棉花播种面积

第1章 棉花种植与生产报告

表1-2 2016—2021年全国各省份棉花播种面积占比

年份	年度种植面积占比					
	新疆维吾尔自治区	河北省	山东省	湖北省	安徽省	其他
2016年	0.6412	0.0719	0.0869	0.0638	0.0343	0.1020
2017年	0.6950	0.0691	0.0547	0.0642	0.0276	0.0893
2018年	0.7432	0.0628	0.0547	0.0475	0.0257	0.0662
2019年	0.7603	0.0610	0.0507	0.0487	0.0180	0.0613
2020年	0.7889	0.0597	0.0451	0.0409	0.0161	0.0494
2021年	0.8281	0.0461	0.0364	0.0396	0.0113	0.0382

1.1.2 近年国内棉花产量分布概况

源自国家统计局的数据显示，2016—2021年我国皮棉产量整体状况如图1-4所示。与1.1.1节中的图1-1所展示的棉花播种面积相似，2016—2018年我国皮棉产量随棉花播种面积的增加而呈现上升趋势，2018年皮棉产量随播种面积达到峰值，较2016年上升14.22%。从2019年开始，随着棉花播种面积的回落，皮棉产量也由2018年的峰值回落，尽管2020年棉花播种面积较2019年进一步缩减，但由于单产较高，最终皮棉产量反较2019年有小幅上涨。农业农村部数据显示，2021年全国棉花播种面积进一步较2020年缩减2%，产量为573.1万吨。

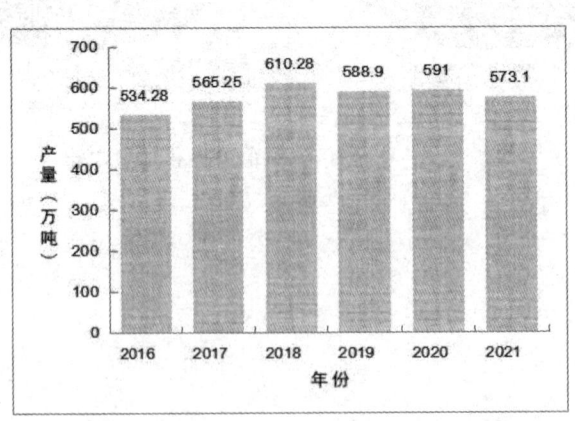

图1-4 2016—2021年全国皮棉总产量

表1-3列举了2016—2021年全国各省份皮棉产量概况。可见2016年全国共有23个省份(包含自治区和直辖市)有皮棉产出数据,相较表1-1中所列的棉花种植省份减少了5个,其原因可能为产量过低或未在本地加工,其中皮棉产量超过10万吨的省份共有6个,分别是新疆维吾尔自治区、河北省、山东省、湖北省、湖南省和安徽省,皮棉产量为1万～10万吨的省份共有6个,分别是江西省、河南省、甘肃省、江苏省、天津市和陕西省;2017年新疆维吾尔自治区、河北省、江西省、甘肃省和天津市5个省市的皮棉产量有所上涨,其他省市皮棉产量随种植规模的缩减而降低,皮棉产量过10万吨的省份有新疆维吾尔自治区、河北省、山东省、湖北省、湖南省和江西省,皮棉产量为1万～10万吨的省份有安徽省、河南省、甘肃省、江苏省、天津市和陕西省;2018年除新疆维吾尔自治区、山东省、安徽省和甘肃省外,其他各省市的皮棉产量进一步随着种植规模的缩减而降低,皮棉产量过10万吨的省份有新疆维吾尔自治区、河北省、山东省、湖北省,皮棉产量为1万～10万吨的省份有湖南省、江西省、安徽省、河南省、甘肃省、江苏省、天津市,其中湖南省和江西省皮棉产量降至10万吨以下,陕西省皮棉产量从万吨以上降至1万吨以下;2019—2020年除新疆维吾尔自治区外,其他各省市的皮棉产量进一步下滑。2021年由于种植面积进一步缩减,各省的皮棉产量都有一定量的缩减。

表1-3 2016—2021年全国各省份皮棉产量概况

序号	省份	年产量(万吨)					
		2016年	2017年	2018年	2019年	2020年	2021年
1	新疆维吾尔自治区	407.800	456.657	511.090	500.200	516.100	512.852
2	河北省	23.900	24.038	23.927	22.740	20.900	15.967
3	山东省	32.896	20.720	21.703	19.603	18.300	14.025
4	湖北省	19.000	18.364	14.931	14.361	10.800	10.888
5	湖南省	12.621	10.950	8.569	8.184	7.400	8.049
6	江西省	9.964	10.465	7.212	6.572	5.300	1.718
7	安徽省	11.078	8.554	8.851	5.554	4.100	2.912
8	河南省	4.875	4.359	3.790	2.712	1.800	1.397
9	甘肃省	2.286	3.159	3.530	3.266	3.000	3.056

第1章 棉花种植与生产报告

续表

序号	省份	年产量（万吨）					
		2016年	2017年	2018年	2019年	2020年	2021年
10	江苏省	3.692	2.573	2.060	1.566	1.100	0.788
11	天津市	2.100	2.481	1.826	1.813	1.000	0.396
12	陕西省	1.691	1.159	0.990	0.763	0.100	0.000
13	浙江省	0.826	0.643	0.812	0.814	0.700	0.557
14	四川省	0.500	0.428	0.399	0.278	0.200	0.203
15	山西省	0.517	0.401	0.361	0.296	0.200	0.094
16	广西壮族自治区	0.173	0.149	0.129	0.115	0.100	0.112
17	贵州省	0.200	0.112	0.065	0.041	0.000	0.000
18	上海市	0.100	0.041	0.010	0.008	0.000	0.000
19	内蒙古自治区	0.033	0.000	0.011	0.011	0.000	0.000
20	福建省	0.008	0.000	0.007	0.004	0.000	0.000
21	辽宁省	0.01	0.000	0.002	0.002	0.000	0.000
22	云南省	0.011	0.000	0.001	0.000	0.000	0.000
23	北京市	0.005	0.000	0.001	0.001	0.000	0.000
24	广东省	0.000	0.000	0.000	0.000	0.000	0.000
25	海南省	0.000	0.000	0.000	0.000	0.000	0.000
26	黑龙江省	0.000	0.000	0.000	0.000	0.000	0.000
27	吉林省	0.000	0.000	0.000	0.000	0.000	0.000
28	宁夏回族自治区	0.000	0.000	0.000	0.000	0.000	0.000
29	青海省	0.000	0.000	0.000	0.000	0.000	0.000
30	西藏自治区	0.000	0.000	0.000	0.000	0.000	0.000
31	重庆市	0.000	0.000	0.000	0.000	0.000	0.000
32	台湾省	—	—	—	—	—	—
33	香港特别行政区	—	—	—	—	—	—
34	澳门特别行政区	—	—	—	—	—	—

1. 2016—2021年各省皮棉产量变化趋势

图1-5展示了2016—2021年全国各省份皮棉产量变化趋势。结合表1-3中的数据可以发现,除新疆和甘肃以外,其他各省的皮棉均呈现下降的趋势。如位居第2位的河北省皮棉产量从2016年的23.900万吨下降至2021年的约16.000万吨,总降幅约为33.05%,年均降幅约为6.61%;位居第3位的山东省皮棉产量从2016年的约32.900万吨下降至2021年的约14.000万吨,总降幅约为57.44%,年均降幅约为11.49%;位居第4位的湖北省皮棉产量从2016年的19.000万吨下降至2021年的约10.900万吨,总降幅约为42.63%,年均降幅约为8.52%;位居第5位的湖南省皮棉产量从2016年的12.621万吨下降至2021年的约8.000万吨,总降幅约为3.66%,年均降幅约为7.32%。其他省份的皮棉产量也均出现不同程度的下降趋势,此处不再一一赘述。

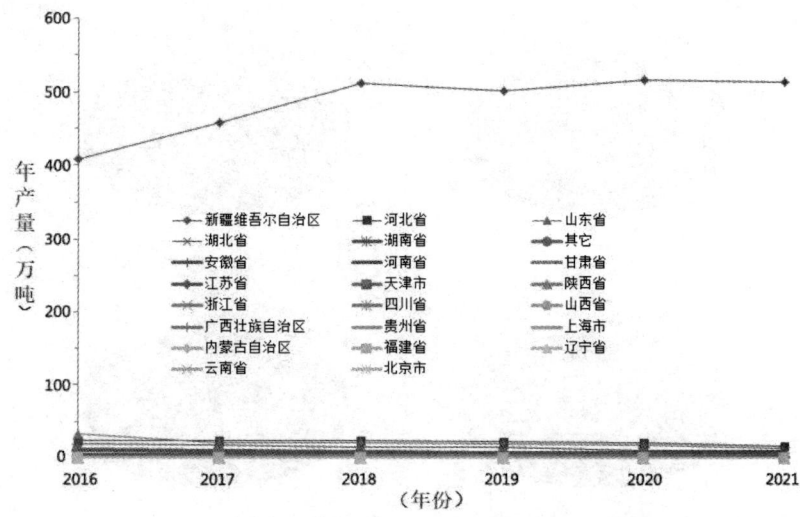

图1-5 2016—2021年全国各省份皮棉产量概况

2. 2016—2021年各省皮棉产量占比变化趋势

图1-6和表1-4详细展示了2016—2021年主要产棉省份在皮棉产量方面的占比情况。将产量排名前5位的省份各自独立分析,排名在前5位之外的省份归类为其他省份并将它们的皮棉产量累加求和。由图1-6可以看出,排名第1位的新疆皮棉产量占比在2016—2021年逐年上升,结合表1-3中的数据可知原因在于2016—2021年,排名第1位的新疆棉花播种面积本身处于上升的趋

第1章 棉花种植与生产报告

势,而其他省份的棉花播种面积又均在下降,此外新疆棉花单产优势明显,综合以上原因,新疆皮棉产量的占比快速提升;相反,排名第2~5位的省份以及其他产区的棉花播种面积在2016—2021年逐年降低,且单产不如新疆,故而它们的皮棉产量占比快速下降。由表1-4可以看出,新疆皮棉产量占比由2016年的76.33%上升至2021年的89.49%,河北省皮棉产量占比由2016年的4.47%下降至2021年的2.79%,山东省皮棉产量占比由2016年的6.16%下降至2021年的2.44%,湖北省皮棉产量占比由2016年的3.56%下降至2021年的1.90%,湖南省皮棉产量占比由2016年的2.36%下降至2021年的1.40%,其他省份皮棉产量占比从2016年的7.13%下降至2021年的1.97%;总体而言,排名前5位的主产省份的皮棉产量占比由2016年的92.87%上升至2021年的98.03%。产量相对于种植面积更加趋向于集中。

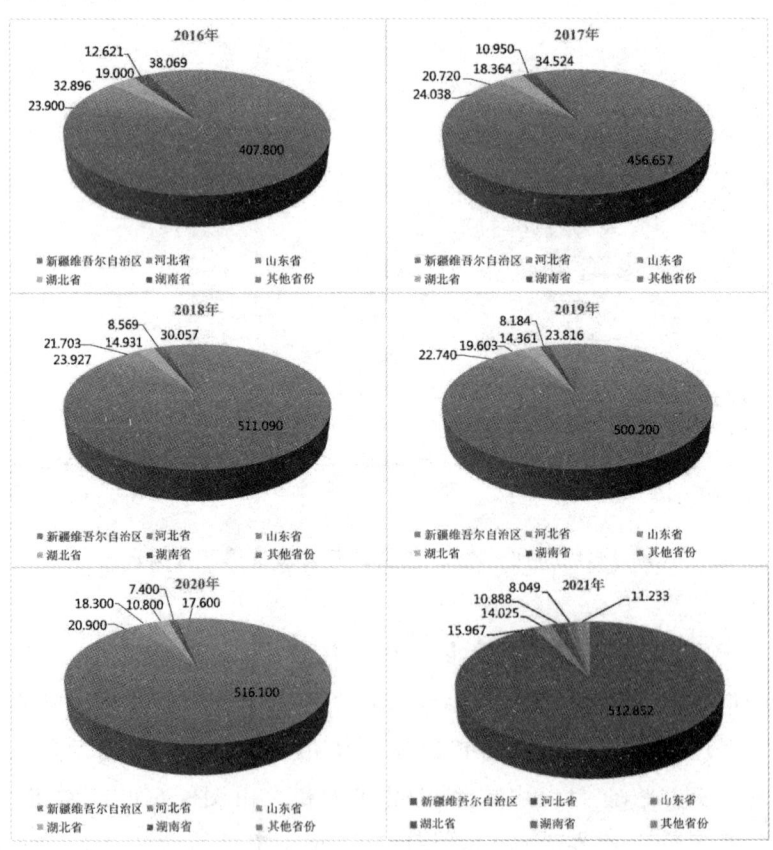

图1-6 2016—2021年全国各省皮棉产量

表 1-4　2016—2021 年全国各省皮棉产量占比

年份	年度种植面积占比					
	新疆维吾尔自治区	河北省	山东省	湖北省	湖南省	其他
2016 年	0.7633	0.0447	0.0616	0.0356	0.0236	0.0713
2017 年	0.8079	0.0425	0.0367	0.0325	0.0194	0.0611
2018 年	0.8375	0.0392	0.0356	0.0245	0.0140	0.0493
2019 年	0.8494	0.0386	0.0333	0.0244	0.0139	0.0404
2020 年	0.8731	0.0354	0.0310	0.0183	0.0125	0.0298
2021 年	0.8949	0.0279	0.0244	0.0190	0.0140	0.0197

1.2 国际棉花种植与产量

1.2.1 全球棉花种植面积分布概况

世界粮农组织统计数据显示，近五年全球主要棉花种植和生产国家有 86 个，详细数据见表 1-5。其中亚洲为最大棉花种植和生产基地，主要产棉国数量达 27 个，近五年平均种植面积超 21764 千公顷，其他依次为非洲主要产棉国 36 个，近五年平均种植面积约 4673 千公顷；北美洲主要产棉国 11 个，近五年平均种植面积约 4138 千公顷；南美洲主要产棉国 7 个，近五年平均棉花种植面积约为 1783 千公顷；大洋洲主要产棉国 1 个，近五年平均棉花种植面积约为 331 千公顷；欧洲主要产棉国 4 个，近五年平均棉花种植面积约为 342 千公顷。

表 1-5　近五年全球棉花播种面积概况

序号	国别	年度种植面积（千公顷）				
		2016 年	2017 年	2018 年	2019 年	2020 年
1	印度	10830.00	12430.00	12350.00	15028.80	12864.60
2	中国	3376.10	4845.00	3354.41	3450.00	3250.00
3	美国	3847.71	4492.22	4130.19	4699.46	3521.41
4	巴基斯坦	2488.96	2700.28	2372.97	2517.28	2078.90

第1章 棉花种植与生产报告

续表

序号	国别	年度种植面积（千公顷）				
		2016年	2017年	2018年	2019年	2020年
5	巴西	996.19	927.99	1150.01	1627.16	1633.10
6	乌兹别克斯坦	1265.10	1201.18	1108.25	1050.63	1057.79
7	马里	655.00	703.65	698.18	738.19	164.83
8	贝宁	418.94	530.15	600.00	670.00	620.00
9	布基纳法索	654.96	844.90	473.38	590.99	647.27
10	土库曼斯坦	550.00	540.00	535.00	535.00	535.00
11	土耳其	416.00	501.48	518.63	477.81	359.22
12	坦桑尼亚	320.00	340.00	400.00	420.00	500.00
13	科特迪瓦	345.00	360.00	370.00	410.00	440.00
14	阿根廷	376.78	253.31	319.29	332.90	413.55
15	澳大利亚	280.42	518.59	485.10	303.48	69.89
16	尼日利亚	365.37	326.40	309.77	365.68	373.65
17	喀麦隆	224.00	185.00	240.00	250.00	250.00
18	墨西哥	104.37	211.92	240.58	207.25	143.98
19	苏丹	66.36	173.00	191.94	196.98	202.15
20	塔吉克斯坦	162.56	173.98	185.82	185.67	198.21
21	多哥	129.93	172.27	179.60	180.59	158.14
22	缅甸	201.95	183.90	192.87	168.30	180.00
23	津巴布韦	101.66	76.50	129.45	141.60	115.20
24	埃塞俄比亚	60.00	90.00	140.00	65.00	80.00
25	乍得	315.00	120.00	120.00	240.00	220.00
26	玻利维亚	126.00	126.00	126.00	133.76	140.68
27	哈萨克斯坦	109.60	135.48	132.59	131.21	125.93
28	莫桑比克	101.00	114.07	127.30	130.00	135.00
29	阿塞拜疆	50.79	135.93	132.51	100.11	100.22
30	埃及	55.00	91.00	141.00	100.54	65.00

续表

序号	国别	年度种植面积(千公顷)				
		2016年	2017年	2018年	2019年	2020年
31	乌干达	74.00	96.00	80.00	90.00	94.00
32	赞比亚	129.60	105.35	106.88	88.75	68.18
33	马拉维	78.47	41.10	44.18	80.00	80.00
34	刚果	68.29	68.41	68.25	70.32	70.32
35	阿富汗	51.10	31.85	39.50	49.37	56.74
36	几内亚	45.98	46.34	47.21	44.06	43.90
37	叙利亚	38.81	22.85	39.92	52.13	34.13
38	中非共和国	39.40	41.82	43.04	38.91	35.62
39	伊朗	70.63	52.13	44.81	54.58	56.11
40	南非	7.04	17.84	37.00	43.00	43.00
41	吉尔吉斯斯坦	16.59	20.56	23.05	24.42	21.77
42	孟加拉国	17.34	33.72	37.46	23.93	21.58
43	泰国	15.81	19.16	23.31	20.00	20.00
44	也门	11.25	11.14	6.67	21.64	10.00
45	秘鲁	18.10	8.16	20.78	18.87	7.06
46	朝鲜	19.54	19.54	19.56	19.85	19.90
47	哥伦比亚	19.54	10.97	11.96	18.33	8.62
48	巴拉圭	12.00	10.00	9.49	18.00	11.80
49	索马里	17.67	17.59	17.67	17.81	17.90
50	马达加斯加	16.29	16.76	17.04	13.56	13.30
51	塞内加尔	20.00	20.93	21.74	16.51	18.08
52	肯尼亚	28.70	20.72	13.43	13.78	13.99
53	加纳	15.26	13.83	13.49	15.00	15.00
54	尼日尔	6.82	6.84	7.72	12.33	9.80
55	以色列	8.34	6.85	6.46	8.62	7.74
56	几内亚比绍	5.05	5.23	5.38	4.90	4.90

第1章 棉花种植与生产报告

续表

序号	国别	年度种植面积(千公顷)				
		2016年	2017年	2018年	2019年	2020年
57	印度尼西亚	4.60	3.60	5.16	4.21	2.90
58	委内瑞拉	4.04	7.80	4.62	2.16	1.96
59	安哥拉	3.00	3.00	3.00	2.93	2.88
60	厄瓜多尔	2.33	2.51	2.52	3.08	3.06
61	布隆迪	2.96	2.62	3.03	2.40	2.18
62	尼加拉瓜	2.00	2.00	2.00	2.00	2.00
63	老挝	2.21	1.85	2.08	1.91	1.71
64	洪都拉斯	1.78	1.82	1.87	1.84	1.83
65	海地	1.81	1.74	1.67	1.97	1.97
66	突尼斯	1.73	1.30	1.37	2.91	2.93
67	埃斯瓦蒂尼	1.31	1.37	1.40	2.64	1.83
68	冈比亚	1.16	1.19	1.26	1.54	1.55
69	哥斯达黎加	0.91	0.87	0.87	0.87	0.87
70	菲律宾	0.00	0.01	0.64	0.00	0.00
71	阿尔巴尼亚	0.74	0.74	0.74	0.75	0.73
72	安提瓜	0.60	0.60	0.60	0.60	0.59
73	危地马拉	0.53	0.53	0.53	0.96	0.94
74	博茨瓦纳	0.50	0.50	0.50	0.51	0.57
75	阿尔及利亚	0.26	0.26	0.26	0.28	0.26
76	柬埔寨	0.18	0.18	0.18	0.18	0.18
77	越南	1.30	0.64	0.63	0.17	0.11
78	格林纳达	0.16	0.16	0.16	0.16	0.16
79	摩洛哥	0.11	0.14	0.16	0.11	0.11
80	尼泊尔	0.13	0.13	0.14	0.13	0.13
81	萨尔瓦多	0.00	0.04	0.09	0.02	0.08
82	伊拉克	22.35	27.18	0.97	12.1	18.01

续表

序号	国别	年度种植面积(千公顷)				
		2016年	2017年	2018年	2019年	2020年
83	圣基茨	0.00	0.00	0.00	0.00	0.00
84	保加利亚	2.17	4.49	4.81	3.46	0.00
85	希腊	269.32	246.38	260.18	291.71	0.00
86	西班牙	63.33	60.81	62.98	66.15	0.00

图1-7展示了近五年的全球棉花播种总面积。可以看出，近五年全球棉花播种面积始终保持在30000千公顷以上，且呈现稳中有升的趋势，在2019年播种面积达到近五年播种面积的最高峰，较2016年增加21%。2020年全球棉花产量下降主要由于几个主要生产国部分作物种植转换、一些国家不稳定的天气条件、出口困难等造成的。

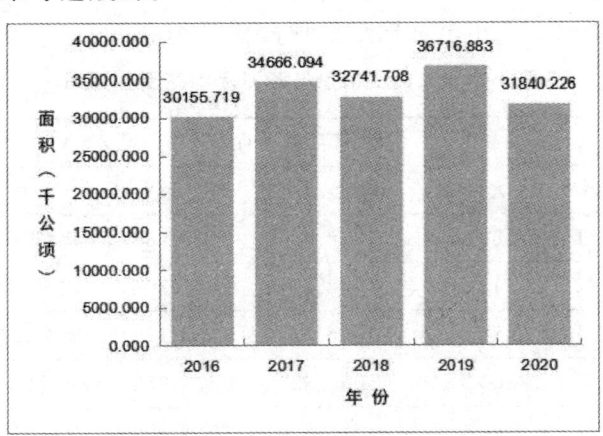

图1-7 近五年全球棉花总体播种面积及趋势

1.洲际棉花播种分布概况

按洲际划分近五年全球棉花种植情况如图1-8所示。可以看出，全球七大洲除南极洲外其他各洲均涉及棉花种植和生产。各洲的棉花播种面积却相差甚远，播种面积最大的为亚洲，播种面积最小的为大洋洲。

第1章 棉花种植与生产报告

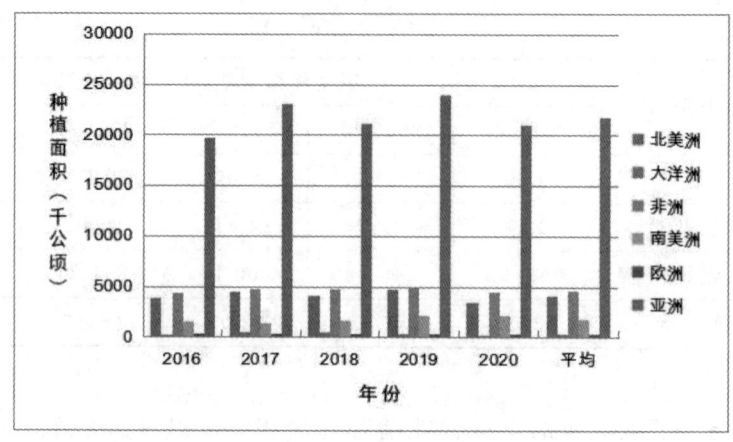

图 1-8 2016—2020 年全球棉花种植面积(按洲际分类)

各洲 2016—2020 年具体播种棉花的面积见表 1-6。可见亚洲的棉花播种面积始终位居全球首位,超过其他各洲播种面积的总和,2016—2020 年平均棉花播种面积占 2016—2020 年全球棉花播种面积的 65.88%。

表 1-6 2016—2020 年各洲际棉花播种面积

年份	洲际棉花播种面积(千公顷)					
	北美洲	大洋洲	非洲	南美洲	欧洲	亚洲
2016	3847.71	280.422	4336.863	1555.782	312.42	19709.63
2017	4492.22	518.589	4692.655	1347.306	328.709	23066.16
2018	4130.19	485.101	4766.273	1638.174	349.548	21123.4
2019	4699.46	303.484	5061.826	2154.268	362.07	23920.11
2020	3521.41	69.886	4511.606	2219.805	362.193	21002.9
平均	4138.198	331.496	4673.844	1783.067	342.988	21764.44

2.主要产棉国棉花播种面积概况

就播种面积而言,2016—2020 年全球排名前 10 位的棉花种植和生产国家分别是印度、中国、美国、巴基斯坦、巴西、乌兹别克斯坦、马里、贝宁、布基纳法索和土库曼斯坦。它们近五年的棉花播种面积详情见表 1-5 中序号为 1~10 的记录条目。图 1-9 展示了排名前 10 位的国家棉花种植面积在全球棉花种植面积中的占比情况。可见,印度在棉花种植面积方面2016—2020年均位居全球首位,占比均超过30%,尤其是2019年度的占比更是超过了38.8%。近五年,我国棉花种植面积在第二和第三位徘徊,与美国的棉花种植面积十分接近,美国2016—2020年平均棉花种植规模都在4000千公顷左右。

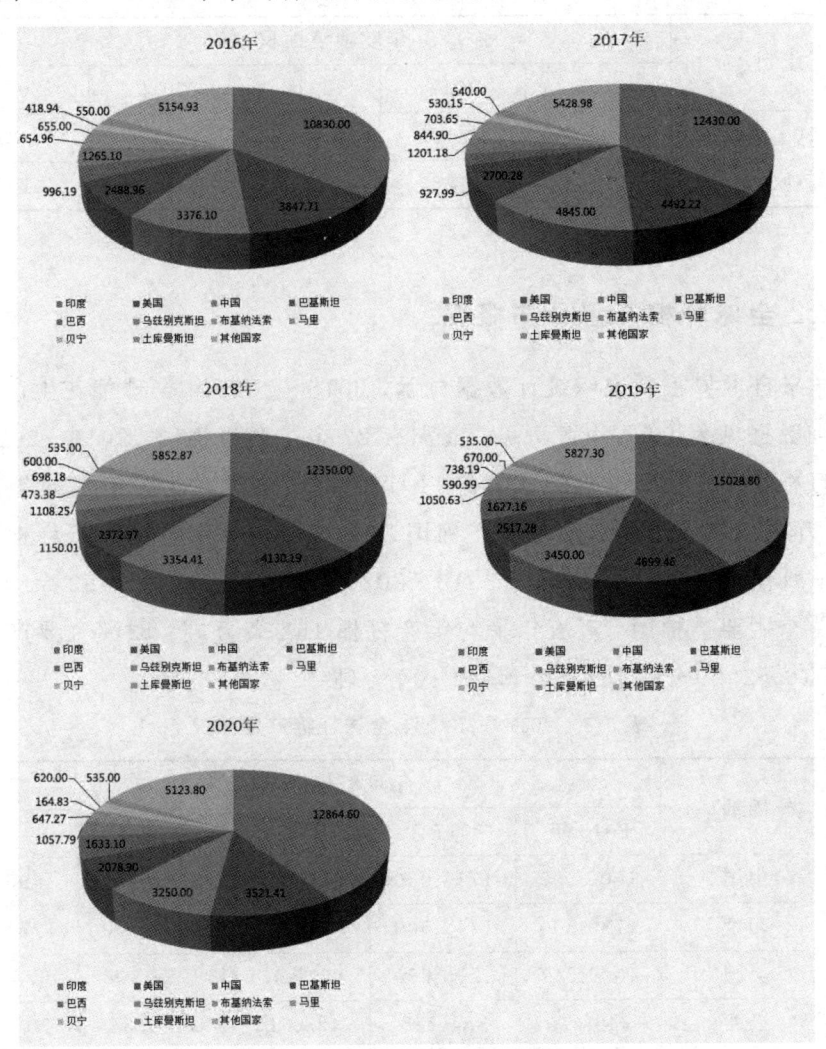

图1-9　2016—2020年全球棉花种植面积前10位

表1-7展示了排名前10位的国家棉花种植面积在全球棉花种植面积中的占比情况。可以看出,在全球80多个棉花种植和生产国家中,排名前10位的

国家棉花播种面积占比均保持在 80% 以上，尤其是 2019 年的占比更是高达 84.14%，为其他 70 多个国家种植棉花总面积的 5.31 倍。由此可见，全球棉花种植和棉花供给集中程度非常高。

表 1-7 2016—2020 年全球棉花种植面积前 10 位占比

组别	年度种植面积占比				
	2016	2017	2018	2019	2020
前 10 位总和	0.8295	0.8433	0.8206	0.8414	0.8373
其他总和	0.1705	0.1567	0.1794	0.1586	0.1627

1.2.2 全球籽棉产量分布概况

同样来自世界粮农组织统计数据显示，2016—2020 年全球棉花生产的籽棉产量详细数据见表 1-8。由此可见，亚洲有 27 个主要产棉国，2016—2020 年平均年产籽棉 5028 余万吨；北美洲有 11 个主要产棉国，近五年平均年产籽棉 1115 余万吨；南美洲有 7 个主要产棉国，2016—2020 年平均年产籽棉 627 余万吨；非洲有主要产棉国 36 个，2016—2020 年平均年产籽棉 482 余万吨；大洋洲有 1 个主要产棉国，近五年平均年产籽棉 162 余万吨；欧洲主要产棉国有 4 个，2016—2020 年平均籽棉产量约 104 万吨。

表 1-8 2016—2020 年全球籽棉产量概况

序号	国别	年度籽棉产量（万吨）				
		2016 年	2017 年	2018 年	2019 年	2020 年
1	中国	1602.900	1713.030	1849.333	1784.606	1855.990
2	印度	1730.800	1742.500	1465.700	1855.800	1773.105
3	美国	1009.247	1200.000	1107.661	1281.906	973.728
4	巴西	346.410	384.287	495.613	689.334	707.014
5	巴基斯坦	523.716	585.503	482.844	448.023	345.433
6	乌兹别克斯坦	295.896	285.393	228.556	269.170	306.400
7	土耳其	210.000	245.000	257.000	220.000	177.365
8	澳大利亚	151.868	215.096	245.000	161.140	37.287

续表

序号	国别	年度籽棉产量(万吨)				
		2016年	2017年	2018年	2019年	2020年
9	墨西哥	48.791	100.910	116.260	91.698	67.471
10	阿根廷	67.315	61.616	81.369	87.272	104.604
11	贝宁	45.121	59.799	75.800	71.471	72.800
12	布基纳法索	78.478	84.434	48.217	72.423	78.293
13	马里	64.726	72.861	65.656	71.073	14.720
14	土库曼斯坦	60.000	69.090	61.820	58.200	63.636
15	塔吉克斯坦	28.471	38.651	30.034	40.301	40.137
16	科特迪瓦	31.000	32.800	36.518	46.898	49.044
17	哈萨克斯坦	28.670	33.049	34.362	34.436	32.658
18	乍得	35.000	10.000	4.000	18.182	14.545
19	喀麦隆	29.300	29.100	31.100	47.000	44.581
20	埃及	17.000	30.000	48.900	28.196	21.500
21	阿塞拜疆	8.944	20.753	23.359	14.206	33.679
22	缅甸	43.803	36.949	33.674	28.940	30.895
23	坦桑尼亚	14.945	16.471	26.939	26.450	30.170
24	尼日利亚	27.882	29.047	26.186	28.123	28.203
25	苏丹	10.880	10.400	16.000	28.224	32.055
26	埃塞俄比亚	11.500	13.000	14.000	15.400	18.800
27	叙利亚	12.300	7.000	12.000	—	—
28	玻利维亚	11.700	11.700	11.700	11.833	12.387
29	多哥	11.300	11.716	13.727	11.658	10.250
30	津巴布韦	3.289	7.326	10.589	10.000	9.339
31	伊朗	16.116	14.597	11.346	14.280	14.537
32	乌干达	8.570	11.900	8.730	12.000	12.777
33	孟加拉国	6.000	11.900	13.000	8.100	7.334
34	南非	2.727	4.195	10.174	12.877	11.807

续表

序号	国别	年度籽棉产量(万吨)				
		2016年	2017年	2018年	2019年	2020年
35	阿富汗	5.900	3.677	5.745	7.312	7.406
36	赞比亚	11.190	8.929	8.822	7.251	4.144
37	哥伦比亚	7.525	2.339	3.039	6.016	0.801
38	秘鲁	4.536	2.333	4.420	5.641	1.927
39	吉尔吉斯斯坦	5.211	6.535	7.472	8.022	7.277
40	莫桑比克	4.366	5.215	6.314	10.084	8.945
41	马拉维	3.144	2.955	2.401	1.953	1.953
42	几内亚	4.395	4.347	4.361	4.357	4.369
43	朝鲜	3.849	3.872	3.894	3.940	3.966
44	刚果	2.878	2.860	2.853	2.933	2.933
45	巴拉圭	1.416	1.400	1.899	0.000	2.904
46	也门	1.199	1.187	0.692	2.264	1.026
47	以色列	3.580	3.100	2.330	2.180	1.487
48	中非共和国	1.922	2.028	2.074	1.744	1.568
49	塞内加尔	2.400	2.000	1.512	1.651	2.016
50	马达加斯加	1.514	1.564	1.582	1.439	1.451
51	加纳	1.429	1.308	1.283	2.800	2.800
52	尼日尔	0.670	0.665	0.750	1.210	0.961
53	索马里	0.712	0.708	0.710	0.713	0.716
54	泰国	0.693	0.693	0.693	0.320	0.319
55	肯尼亚	1.580	1.450	0.592	0.608	0.617
56	老挝	0.700	0.650	0.660	0.585	0.544
57	几内亚比绍	0.562	0.557	0.562	0.521	0.522
58	安哥拉	0.550	0.550	0.550	0.539	0.538
59	尼加拉瓜	0.490	0.495	0.489	0.479	0.485
60	洪都拉斯	0.317	0.331	0.340	0.331	0.328

续表

序号	国别	年度籽棉产量(万吨)				
		2016年	2017年	2018年	2019年	2020年
61	厄瓜多尔	0.311	0.331	0.331	0.402	0.400
62	委内瑞拉	0.531	0.899	0.381	0.302	0.240
63	布隆迪	0.201	0.184	0.207	0.175	0.168
64	危地马拉	0.149	0.152	0.152	0.266	0.263
65	博茨瓦纳	0.100	0.100	0.100	0.097	0.090
66	埃斯瓦蒂尼	0.086	0.089	0.089	0.000	—
67	海地	0.090	0.088	0.085	0.096	0.096
68	菲律宾	0.001	0.001	0.060	0.001	0.001
69	阿尔巴尼亚	0.082	0.082	0.082	0.083	0.082
70	突尼斯	0.103	0.070	0.069	0.195	0.195
71	哥斯达黎加	0.065	0.063	0.062	0.000	0.000
72	冈比亚	0.041	0.042	0.044	0.054	0.054
73	摩洛哥	0.030	0.035	0.035	0.022	0.022
74	印度尼西亚	0.093	0.033	0.035	0.031	0.030
75	柬埔寨	0.024	0.024	0.024	0.024	0.024
76	萨尔瓦多	0.006	0.011	0.011	0.004	0.016
77	尼泊尔	0.013	0.013	0.012	0.013	0.013
78	安提瓜	0.011	0.011	0.011	0.011	0.011
79	越南	0.065	0.036	0.033	0.009	0.007
80	阿尔及利亚	0.008	0.008	0.008	0.008	0.008
81	格林纳达	0.005	0.005	0.005	0.005	0.005
82	伊拉克	3.365	0.009	0.004	0.326	0.369
83	圣基茨	0.000	0.000	0.000	0.000	0.000
84	保加利亚	0.425	0.438	0.000	0.310	—
85	希腊	73.912	80.893	0.000	90.075	—
86	西班牙	16.560	19.850	0.000	21.002	—

第1章 棉花种植与生产报告

图1-10展示了2016—2020年的全球籽棉总产量。可以看出，与1.1.1节中棉花播种面积相似，近五年全球籽棉产量呈现稳中有升的趋势，随着2019年播种面积达到近五年的最高峰，2019年的籽棉产量也达到2016—2020年之最，较2016年增加24.2%。增长幅度超过棉花播种面积增长幅度的21%，从侧面也可以看出全球棉花平均单产有所提高，这在后续章节将进一步分析与阐述。

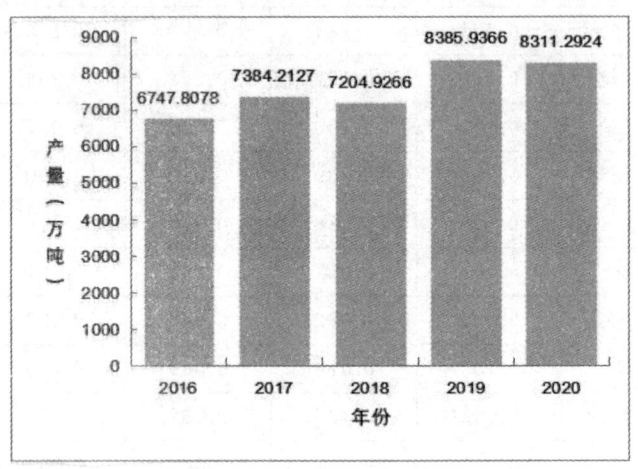

图1-10 2016—2020年全球籽棉总产量

1.洲际籽棉产量分布概况

按洲际划分，2016—2020年全球棉花种植情况如图1-11所示。可以看出，与棉花种植面积相似，亚洲籽棉产量高居首位，北美洲籽棉产量居于第二位，南美洲和非洲籽棉产量分位居第3和第4位。亚洲籽棉产量在高位有所起伏，但仍然遥遥领先其他各洲，北美洲、大洋洲、欧洲、南美洲和非洲的籽棉产量逐年上升。

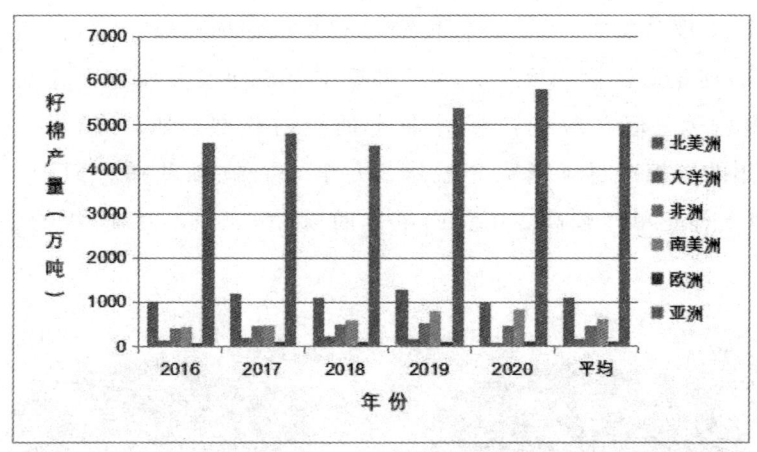

图 1-11 2016—2020 年全球籽棉产量(按洲际分类)

各洲近五年具体籽棉产量见表 1-9。可见与棉花播种面积相似,近五年亚洲籽棉产量始终位居全球首位,且远超其他各洲籽棉总产量,2016—2020 年平均籽棉产量占全球籽棉总产量的 66.86%。与播种面积的占比相比,比重有所提升,一定程度上反映了亚洲棉区的单产高于全球棉花单产平均水平。

表 1-9 近五年各洲际籽棉产量

年份	洲际籽棉产量(万吨)					
	北美洲	大洋洲	非洲	南美洲	欧洲	亚洲
2016	1008.333	151.868	417.670	439.840	90.979	4589.057
2017	1200.000	215.096	477.478	464.978	101.263	4823.204
2018	1113.269	245.000	496.943	598.851	107.539	4525.793
2019	1281.906	161.140	538.499	803.499	111.469	5396.467
2020	973.728	37.287	483.072	830.276	111.492	5806.698
平均	1115.447	162.078	482.732	627.489	104.548	5028.243

2.主要产棉国的籽棉产量概况

就籽棉产量而言,2016—2020 年全球排名前 10 位的国家分别是中国、印度、美国、巴西、巴基斯坦、乌兹别克斯坦、土耳其、澳大利亚、墨西哥和阿根廷。它们 2016—2020 年的籽棉产量详情见表 1-4 中序号为 1~10 的记录条目。

第 1 章 棉花种植与生产报告

图 1-12 展示了排名前 10 的国家籽棉产量在全球籽棉产量中的占比情况。结合 1.1.1 节中的棉花播种面积可见，尽管印度在棉花种植面积方面稳居全球首位，且远超其他国家，但其籽棉产量并非占据绝对优势，如 2018 年、2019 年和 2020 年三年的籽棉产量均落后于我国。尽管我国在棉花播种面积上远落后于印度，但由于棉花单产较高，在总产量方面以 2093.144 万吨/年的平均产量高居榜首。

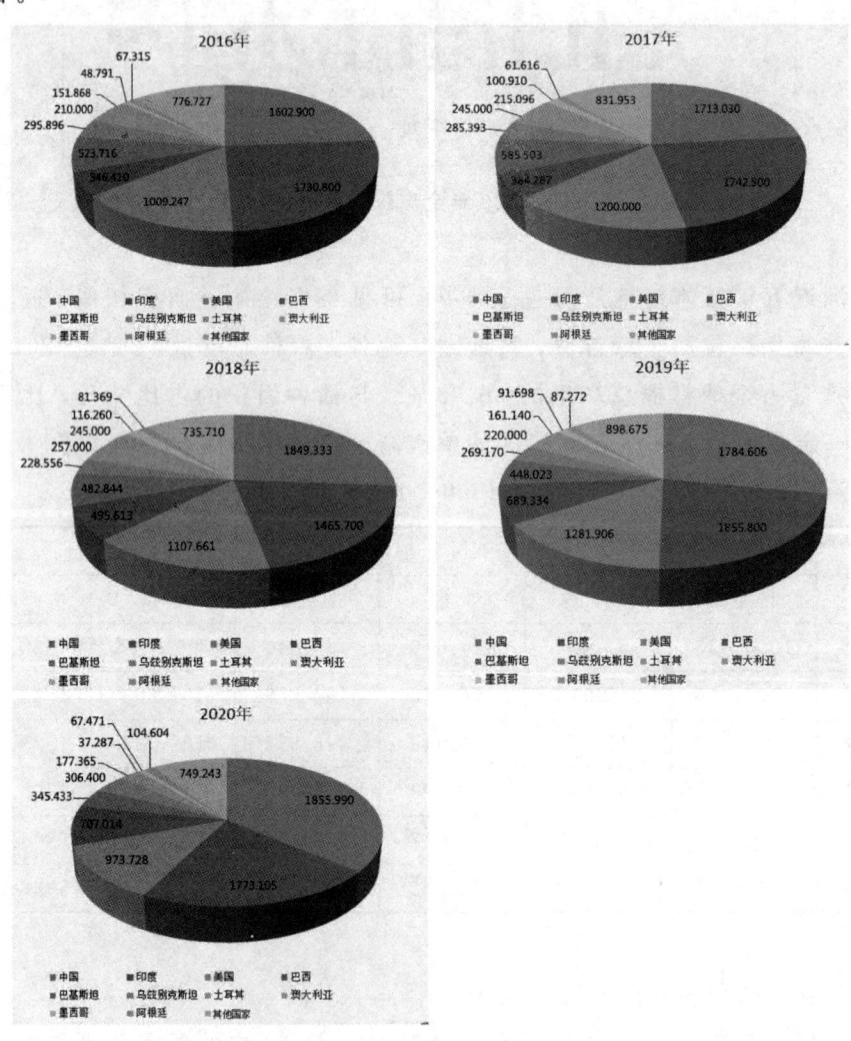

图 1-12 2016—2020 年全球籽棉产量前 10 位

表1-10展示了排名前10位的国家2016—2020年籽棉产量在全球籽棉产量中的占比情况。与表1-5对比可以发现，籽棉产量相对于棉花播种面积更加趋向于集中化，排名前10位的国家籽棉产量占比2016—2020年均呈现上升的趋势，尤其是2020年的占比更是超过了90%，其他70多个产棉国的籽棉总产量的占比却不足10%，相差约10倍，集中趋势更加凸显。

表1-10　2016—2020年全球籽棉产量前10位占比

组别	年度籽棉产量占比				
	2016年	2017年	2018年	2019年	2020年
前10位总和	0.8852	0.8870	0.8959	0.8924	0.9086
其他总和	0.1148	0.1130	0.1041	0.1076	0.0914

1.2.3 全球皮棉产量分布概况

表1-11列举了2015—2019年全球皮棉产量详细数据（由于棉花年度限制及数据更新滞后性，当前世界粮农组织FAOSTAT数据中心的全球皮棉产量数据仅更新到2019年）。由此可见，亚洲有27个主要产棉国，2015—2019年平均年产皮棉1546余万吨；北美洲有11个主要产棉国，2015—2019年平均年产皮棉416余万吨；南美洲有7个主要产棉国，2015—2019年平均年产皮棉195余万吨；非洲有主要产棉国36个，2015—2019年平均年产皮棉156余万吨；大洋洲有1个主要产棉国，2015—2019年平均年产皮棉73余万吨；欧洲主要产棉国有4个，2015—2019年平均皮棉产量约36万吨。

表1-11　2015—2019年全球皮棉产量概况

序号	国别	年度皮棉产量（万吨）				
		2015年	2016年	2017年	2018年	2019年
1	中国	561.000	534.300	565.300	610.280	588.900
2	印度	510.085	554.200	557.685	476.714	603.347
3	美国	280.603	373.831	455.534	400.395	433.544
4	巴西	162.672	142.028	149.872	193.289	268.840
5	巴基斯坦	168.692	181.504	203.191	167.729	155.605

第1章 棉花种植与生产报告

续表

序号	国别	年度皮棉产量（万吨）				
		2015年	2016年	2017年	2018年	2019年
6	土耳其	73.800	75.600	88.200	97.660	81.400
7	澳大利亚	42.156	55.090	77.449	95.040	41.434
8	乌兹别克斯坦	110.900	97.650	94.180	75.670	76.922
9	墨西哥	19.800	16.600	22.788	40.000	36.800
10	阿根廷	30.300	29.000	26.000	30.000	30.791
11	希腊	30.700	27.800	30.400	31.400	—
12	马里	27.296	35.264	29.859	27.576	29.516
13	贝宁	9.249	12.180	16.440	20.500	30.000
14	土库曼斯坦	25.200	19.800	22.800	20.400	15.830
15	苏丹	7.175	5.950	17.272	18.734	14.994
16	布基纳法索	24.400	28.500	30.771	17.570	24.742
17	坦桑尼亚	8.429	8.429	7.003	11.697	18.380
18	哈萨克斯坦	9.039	9.461	10.900	11.300	11.400
19	喀麦隆	10.700	10.200	10.600	10.000	14.000
20	缅甸	15.000	13.000	11.000	9.700	8.323
21	尼日利亚	9.500	9.600	9.900	9.400	4.103
22	塔吉克斯坦	9.840	8.200	11.000	8.600	11.490
23	埃及	5.483	3.840	7.868	8.000	7.300
24	西班牙	6.182	5.520	6.618	6.482	7.007
25	阿塞拜疆	0.664	1.708	3.789	6.104	6.167
26	科特迪瓦	8.059	12.000	7.000	5.000	21.150
27	伊朗	5.615	5.158	4.912	4.879	3.956
28	孟加拉国	2.100	2.200	4.292	4.784	2.773
29	多哥	3.970	3.945	4.600	4.560	5.850
30	叙利亚	3.250	4.060	3.300	4.100	—
31	埃塞俄比亚	4.700	4.200	3.900	3.500	3.500

续表

序号	国别	年度皮棉产量(万吨)				
		2015年	2016年	2017年	2018年	2019年
32	玻利维亚	3.160	3.160	3.160	3.160	3.564
33	乌干达	2.095	2.830	3.930	2.880	3.400
34	南非	1.878	1.009	1.552	2.880	2.400
35	吉尔吉斯斯坦	1.455	1.720	2.157	2.466	1.915
36	赞比亚	4.000	3.690	2.940	2.290	3.737
37	莫桑比克	1.800	1.300	1.000	1.800	3.350
38	几内亚	1.505	1.575	1.556	1.562	1.563
39	秘鲁	2.600	1.500	0.800	1.500	2.000
40	阿富汗	1.666	1.947	1.213	1.303	2.413
41	津巴布韦	1.420	1.090	1.350	1.290	4.536
42	朝鲜	1.307	1.200	1.100	1.200	1.305
43	哥伦比亚	2.432	2.860	0.889	1.155	2.286
44	伊拉克	1.180	1.170	0.970	1.108	0.113
45	乍得	7.000	9.000	2.500	1.000	7.076
46	以色列	1.800	1.400	1.210	0.920	0.850
47	中非共和国	1.000	1.200	1.000	0.900	0.808
48	马拉维	2.400	0.990	0.900	0.780	1.112
49	刚果	0.908	0.700	0.700	0.700	0.839
50	塞内加尔	0.748	0.720	0.703	0.700	0.632
51	也门	0.471	0.410	1.187	0.692	1.639
52	巴拉圭	0.450	0.430	0.420	0.580	0.942
53	加纳	0.520	0.520	0.480	0.470	0.440
54	马达加斯加	0.493	0.440	0.450	0.435	0.537
55	尼日尔	0.200	0.208	0.208	0.432	0.200
56	老挝	0.191	0.253	0.224	0.237	0.244
57	索马里	0.200	0.200	0.200	0.200	0.198

第1章 棉花种植与生产报告

续表

序号	国别	年度皮棉产量（万吨）				
		2015年	2016年	2017年	2018年	2019年
58	肯尼亚	0.512	0.515	0.386	0.193	0.445
59	几内亚比绍	0.159	0.165	0.162	0.163	0.153
60	委内瑞拉	0.300	0.170	0.300	0.130	0.106
61	厄瓜多尔	0.144	0.120	0.120	0.120	0.113
62	洪都拉斯	0.090	0.095	0.099	0.102	0.092
63	安哥拉	0.088	0.088	0.091	0.100	0.004
64	布隆迪	0.097	0.085	0.078	0.087	0.037
65	尼加拉瓜	0.082	0.082	0.082	0.081	0.082
66	保加利亚	0.051	0.140	0.145	0.079	—
67	危地马拉	0.092	0.073	0.074	0.074	0.034
68	泰国	0.080	0.080	0.080	0.070	0.101
69	突尼斯	0.061	0.064	0.064	0.063	0.022
70	埃斯瓦蒂尼	0.037	0.036	0.039	0.039	0.162
71	博茨瓦纳	0.030	0.030	0.030	0.030	0.029
72	阿尔巴尼亚	0.027	0.027	0.027	0.027	0.021
73	海地	0.029	0.028	0.026	0.025	0.027
74	哥斯达黎加	0.026	0.020	0.020	0.020	—
75	冈比亚	0.018	0.015	0.016	0.016	0.015
76	印度尼西亚	0.023	0.028	0.016	0.013	0.010
77	越南	0.053	0.023	0.013	0.011	0.003
78	摩洛哥	0.007	0.007	0.007	0.007	0.011
79	柬埔寨	0.007	0.007	0.007	0.007	0.008
80	尼泊尔	0.004	0.004	0.004	0.004	0.005
81	安提瓜	0.003	0.003	0.003	0.003	—
82	阿尔及利亚	0.003	0.003	0.003	0.003	0.003
83	格林纳达	0.002	0.002	0.002	0.002	0.002

续表

序号	国别	年度皮棉产量(万吨)				
		2015年	2016年	2017年	2018年	2019年
84	萨尔瓦多	0.001	0.001	0.002	0.002	0.007
85	菲律宾	0.000	0.000	0.000	0.001	0.001
86	圣基茨	0.000	0.000	0.000	0.000	0.000

图 1-13 展示了 2015—2019 年的全球皮棉总产量。可以看出，与 1.1.1 节和 1.1.2 节中棉花播种面积与籽棉总产量相似，2015—2019 年全球皮棉产量呈现稳中有升的趋势，随着 2019 年棉花播种面积达到 2015—2019 年的最高峰，2019 年的皮棉产量像籽棉产量一样也达到 2015—2019 年之最，较 2016 年增加 14.96%。

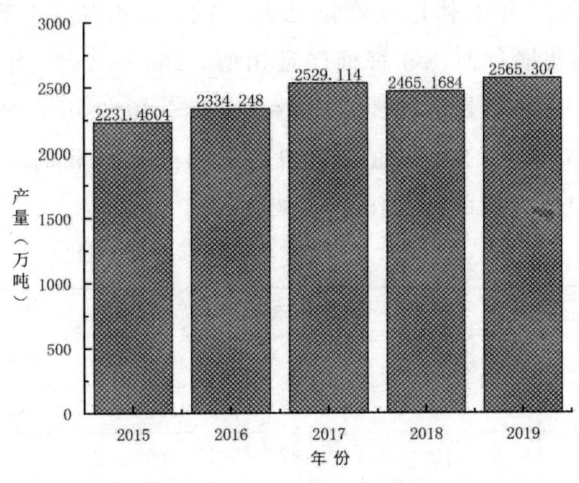

图 1-13 2015—2019 年世界皮棉总产量

1. 洲际皮棉产量分布概况

按洲际划分 2015—2019 年全球皮棉产量情况如图 1-14 所示。可以看出，与 1.1.1 节和 1.1.2 节中的棉花种植面积和籽棉产量相似，亚洲皮棉产量同样高居首位；与 1.1.2 节中所述的北美洲和大洋洲的籽棉产量基本相当形成鲜明对比的是，北美洲的皮棉产量远高于大洋洲的皮棉产量，两者相差近 5.7 倍；尽管非洲在棉花播种面积上超过南美洲，但其皮棉产量却低于南美洲。这一定

第 1 章 棉花种植与生产报告

程度上反映了科技力量在单产中的作用。

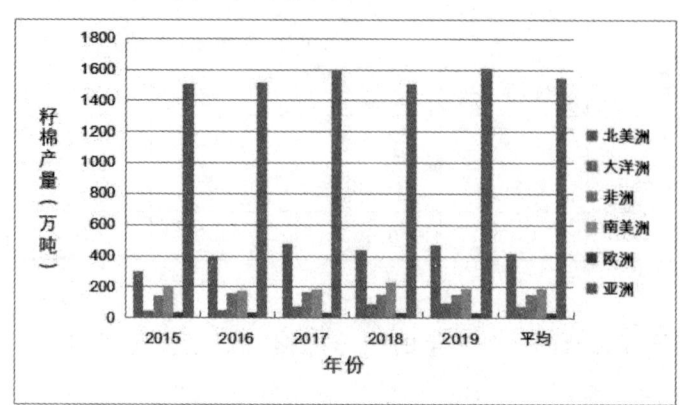

图 1-14 2015—2019 年全球皮棉产量(按洲际分类)

各洲 2015—2019 年具体皮棉产量见表 1-12。结合 1.1.1 节和 1.1.2 节的相关数据可见,与棉花播种面积和籽棉产量相似,2015—2019 年亚洲皮棉产量始终位居全球首位,且远超其他各洲的产量,2015—2019 年平均皮棉产量占全球皮棉总产量的 63.75%,约为其他五个洲际皮棉产量总和的 2 倍,可见亚洲在全球棉花生产与种植方面的地位牢不可破。

表 1-12 2015—2019 年各洲际皮棉产量

年份	洲际皮棉产量(万吨)					
	北美洲	大洋洲	非洲	南美洲	欧洲	亚洲
2015	300.727	42.156	146.138	199.458	36.960	1506.021
2016	390.734	55.090	160.587	177.768	33.487	1516.582
2017	478.629	77.449	165.557	180.761	37.190	1589.528
2018	440.703	95.040	155.555	228.434	37.988	1507.449
2019	472.871	97.648	156.361	191.206	36.406	1610.816
平均	416.733	73.476	156.840	195.525	36.406	1546.079

2.主要产棉国的皮棉产量概况

就皮棉产量而言,近五年全球排名前 10 位的国家分别是中国、印度、美国、巴西、巴基斯坦、土耳其、澳大利亚、乌兹别克斯坦、墨西哥和阿根廷。它们近五年的皮棉产量详情见表 1-11 中序号为 1~10 的记录条目。图 1-15 展示了排名前 10 位的国家皮棉产量在全球皮棉产量中的占比情况。与棉花的播种面积相似，尽管印度在棉花种植面积方面稳居全球首位，但其籽棉和皮棉的产量均不占优势，如 2018 年、2019 年和 2020 年三年的籽棉产量均落后于我国，2016—2020 年五年间仅 2016 年和 2019 年皮棉产量超过我国，其他年度均落后于我国。尽管我国在棉花播种面积上远低于印度，但由于棉花单产较高，在皮棉总产量方面以 571.96 万吨/年的平均产量高居榜首。

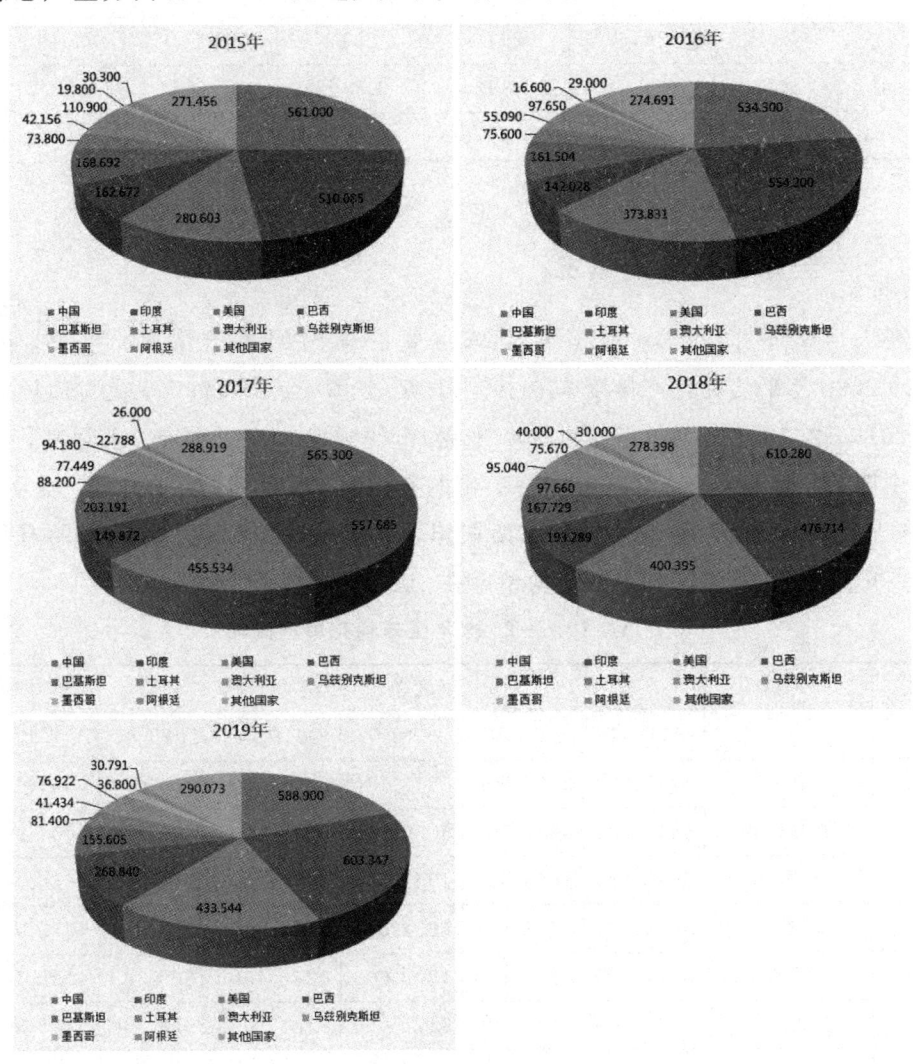

图 1-15　2015—2019 年全球皮棉产量前 10 位

表 1-13 展示了排名前 10 位的国家 2015—2019 年皮棉产量在全球皮棉总产量中的占比情况。与表 1-10 对比可以发现,皮棉产量与籽棉产量相似,相对于棉花播种面积更加趋向于集中化,排名前 10 位的国家皮棉产量占比 2015—2019 年均呈现上升的趋势,尤其是 2018 年的占比 88.71%,其他 70 多个产棉国的皮棉总产量的占比约为 11%,相差约 8 倍。

表 1-13 2015—2019 年全球皮棉产量前 10 位占比

组别	年度籽棉产量占比				
	2015	2016	2017	2018	2019
前 10 位总和	0.8784	0.8824	0.8858	0.8871	0.8843
其他总和	0.1216	0.1176	0.1142	0.1129	0.1157

1.2.4 全球棉花单产概况

表 1-14 列举了 2016—2020 年全球主要产棉国的单产情况。可见,中国 2016—2020 年平均棉花产量以 5561.955 千克/公顷(合 370.797 千克/亩)位居榜首。2016—2020 年平均单产超过 300 千克/亩的国家有澳大利亚、土耳其、墨西哥和中国,平均单产在 200~300 千克/亩的有巴西、以色列、孟加拉国、埃及、老挝、希腊、西班牙、叙利亚和吉尔吉斯斯坦,单产在 100~200 千克/亩的有叙利亚等 20 个国家,其他产棉国的平均单产在 100 千克/亩以下。

表 1-14 2016—2020 年全球棉花单产概况

序号	国别	年度单产(千克/公顷)					
		2016 年	2017 年	2018 年	2019 年	2020 年	平均
1	中国	4747.800	3535.700	5513.100	6812.900	7200.274	5561.955
2	澳大利亚	5415.700	4147.700	5050.500	5309.700	5335.400	5051.800
3	土耳其	5048.100	4885.600	4955.300	4604.400	4937.500	4886.180
4	墨西哥	4674.700	4761.800	4832.500	4424.600	4686.000	4675.920
5	巴西	3477.400	4141.100	4309.600	4236.400	4329.300	4098.760
6	孟加拉国	3460.000	3528.900	3470.600	3383.700	3398.500	3448.340

续表

序号	国别	年度单产(千克/公顷)					
		2016年	2017年	2018年	2019年	2020年	平均
7	以色列	4292.600	4525.500	3609.000	2527.800	1921.600	3375.300
8	吉尔吉斯斯坦	3141.500	3178.800	3242.300	3284.900	3343.600	3238.220
9	老挝	3167.400	3523.000	3180.700	3067.100	3175.100	3222.660
10	埃及	3090.900	3296.700	3468.100	2804.400	3307.700	3193.560
11	叙利亚	3169.000	3063.100	3006.100	—	—	3079.400
12	希腊	3000.000	3109.100	3109.100	3087.800	—	3076.500
13	西班牙	2723.100	3151.700	3151.700	3175.000	—	3050.375
14	南非	3874.700	2351.000	2749.800	2994.700	2745.800	2943.200
15	危地马拉	2817.800	2853.700	2882.600	2786.400	2787.700	2825.640
16	美国	2623.000	2671.300	2681.900	2727.800	2765.200	2693.840
17	秘鲁	2506.100	2860.100	2127.300	2988.800	2731.000	2642.660
18	哈萨克斯坦	2615.900	2439.500	2591.600	2624.600	2593.300	2572.980
19	伊朗	2282.000	2800.100	2531.900	2616.400	2590.600	2564.200
20	乌兹别克斯坦	2338.900	2375.900	2062.300	2562.000	2896.600	2447.140
21	尼加拉瓜	2450.000	2475.000	2445.000	2396.000	2427.000	2438.600
22	阿根廷	1786.600	2432.400	2548.500	2621.600	2529.400	2383.700
23	阿塞拜疆	1761.000	1526.700	1762.800	2949.500	3360.300	2272.060
24	哥伦比亚	3850.400	2132.000	714.300	3282.000	929.300	2181.600
25	摩洛哥	2090.300	2122.000	2135.000	2084.900	2075.500	2101.540
26	朝鲜	1970.300	1982.100	1991.200	1984.700	1992.600	1984.180
27	塔吉克斯坦	1751.400	2221.600	1616.300	2170.500	2025.000	1956.960
28	巴基斯坦	2104.200	2168.300	2034.800	1779.800	1661.600	1949.740
29	博茨瓦纳	2000.000	2000.000	2000.000	1917.000	1589.100	1901.220
30	缅甸	2169.000	2009.100	1746.000	1719.500	1716.400	1872.000
31	埃塞俄比亚	1916.700	1444.400	1000.000	2369.200	2350.000	1816.060
32	洪都拉斯	1776.200	1822.600	1823.100	1802.300	1799.500	1804.740

续表

序号	国别	年度单产(千克/公顷)					
		2016年	2017年	2018年	2019年	2020年	平均
33	巴拉圭	1180.000	1400.000	2000.000	1500.000	2461.000	1708.200
34	萨尔瓦多	1450.000	1208.800	1222.200	1909.100	1848.800	1527.780
35	安哥拉	1833.300	1833.300	1833.300	1838.700	177.900	1503.300
36	喀麦隆	1308.000	1573.000	481.800	1880.000	1783.200	1405.200
37	印度	1598.200	1401.900	1186.800	1234.800	1378.300	1360.000
38	柬埔寨	1326.100	1322.400	1295.800	1316.900	1318.700	1315.980
39	厄瓜多尔	1334.200	1315.700	1312.000	1306.300	1309.000	1315.440
40	加纳	935.900	945.300	950.900	1866.700	1866.700	1313.100
41	阿富汗	1154.500	1154.700	1454.600	1481.000	1305.300	1310.020
42	乌干达	1158.100	1239.600	1091.300	1333.300	1359.200	1236.300
43	苏丹	1639.500	601.200	833.600	1432.800	1585.700	1218.560
44	委内瑞拉	1315.200	1153.100	826.200	1400.300	1223.100	1183.580
45	土库曼斯坦	1090.900	1279.400	1155.500	1087.900	1189.500	1160.640
46	贝宁	1077.000	1128.000	1263.300	1066.700	1174.200	1141.840
47	阿尔巴尼亚	1108.100	1108.100	1108.100	1107.700	1120.100	1110.420
48	菲律宾	1250.000	1111.100	935.700	1166.700	1000.000	1092.700
49	几内亚比绍	1113.200	1066.200	1043.900	1062.400	1067.000	1070.540
50	布基纳法索	1198.200	999.300	681.400	1225.400	1209.600	1062.780
51	也门	1065.700	1065.400	1038.100	1046.000	1025.400	1048.120
52	科特迪瓦	898.600	911.100	911.100	1143.900	1114.600	995.860
53	塞内加尔	1200.000	955.500	695.700	1000.000	1115.000	993.240
54	马达加斯加	929.600	933.100	928.800	1061.300	1091.000	988.760
55	尼日尔	983.100	972.600	971.400	981.300	980.400	977.760
56	尼泊尔	1032.000	888.100	960.300	984.300	1000.000	972.940
57	马里	988.200	1035.500	940.400	962.800	893.000	963.980
58	几内亚	955.800	938.000	923.900	988.900	995.100	960.340

续表

序号	国别	年度单产（千克/公顷）					
		2016年	2017年	2018年	2019年	2020年	平均
59	埃斯瓦蒂尼	653.400	648.900	635.800	—	1867.100	951.300
60	保加利亚	946.800	912.200	1018.600	895.400	—	943.250
61	玻利维亚	928.600	928.600	928.600	884.500	880.500	910.160
62	泰国	438.300	361.500	297.100	1600.000	1596.000	858.580
63	布隆迪	680.200	701.700	1316.900	730.400	771.300	840.100
64	乍得	1111.100	833.300	833.300	757.600	661.200	839.300
65	哥斯达黎加	714.100	721.700	987.000	—	—	807.600
66	尼日利亚	763.100	889.900	845.300	769.000	754.800	804.420
67	赞比亚	863.400	847.600	825.400	817.000	607.800	792.240
68	津巴布韦	323.500	957.700	818.000	706.200	810.600	723.200
69	多哥	869.700	680.100	764.300	645.500	648.100	721.540
70	伊拉克	1238.100	396.300	1370.400	267.900	204.800	695.500
71	越南	1009.400	571.700	544.600	529.100	666.700	664.300
72	突尼斯	591.700	537.800	499.600	670.400	663.800	592.660
73	坦桑尼亚	467.000	484.400	673.500	629.800	603.400	571.620
74	莫桑比克	432.300	457.100	496.000	775.700	662.600	564.740
75	肯尼亚	550.500	699.900	441.000	441.000	440.900	514.660
76	海地	498.300	504.900	512.300	488.600	488.100	498.440
77	中非	487.700	484.800	333.300	448.300	440.100	438.840
78	马拉维	400.600	718.900	543.400	244.100	244.100	430.220
79	刚果	421.400	418.000	418.000	417.000	417.100	418.300
80	索马里	403.100	402.300	402.100	400.400	400.100	401.600
81	冈比亚	357.200	354.400	351.500	352.600	351.500	353.440
82	格林纳达	321.000	329.200	335.400	324.800	331.200	328.320
83	阿尔及利亚	307.700	307.700	307.700	285.700	273.900	296.540
84	圣基茨	250.000	250.000	250.000	250.000	250.000	250.000

第1章 棉花种植与生产报告

续表

序号	国别	年度单产(千克/公顷)					
		2016年	2017年	2018年	2019年	2020年	平均
85	安提瓜	175.000	175.000	175.000	174.100	—	174.775
86	印度尼西亚	202.600	92.300	68.400	73.900	103.200	108.080

1. 洲际皮棉产量分布概况

表1-15按洲际列举了各洲的近五年棉花单产概况。由于大洋洲仅澳大利亚一个主要产棉国，因此澳大利亚的棉花单产即为大洋洲的棉花单产，以5051.8千克/公顷(合336.79千克/亩)位居各洲之首，非洲单产最低。

表1-15 2016—2020年各洲棉花单产概况

年份	各洲棉花单产(千克/公顷)					
	北美洲	大洋洲	非洲	南美洲	欧洲	亚洲
2016	2620.6	5415.7	963.1	2827.1	2912.1	2328.3
2017	2671.3	4147.7	1017.5	3451.2	3080.6	2091
2018	2695.4	5050.5	1042.6	3655.6	3076.5	2142.5
2019	2727.8	5309.7	1063.8	3729.8	3078.7	2256
2020	2765.2	5335.4	1070.7	3740.3	3078.3	2764.7
平均	2696.06	5051.8	1031.54	3480.8	3045.24	2316.5

2. 主要产棉国的单产概况

表1-16列举了籽棉产量位居前10位的产棉国的棉花单产概况。

表1-16 2016—2020年主要产棉国棉花单产概况

国别	年度单产(千克/公顷)						位次
	2016年	2017年	2018年	2019年	2020年	平均	
中国	4747.80	3535.70	5513.10	6812.90	7200.28	5937.28	1
印度	1598.20	1401.90	1186.80	1234.80	1378.30	1360.00	37
美国	2623.00	2671.30	2681.90	2727.80	2765.20	2693.84	16

续表

国别	年度单产（千克/公顷）						位次
	2016年	2017年	2018年	2019年	2020年	平均	
巴西	3477.40	4141.10	4309.60	4236.40	4329.30	4098.76	5
巴基斯坦	2104.20	2168.30	2034.80	1779.80	1661.60	1949.74	28
乌兹别克斯坦	2338.90	2375.90	2062.30	2562.00	2896.60	2447.14	20
土耳其	5048.10	4885.60	4955.30	4604.40	4937.50	4886.18	3
澳大利亚	5415.70	4147.70	5050.50	5309.70	5335.40	5051.80	2
墨西哥	4674.70	4761.80	4832.50	4424.60	4686.00	4675.92	4
阿根廷	1786.60	2432.40	2548.50	2621.60	2529.40	2383.70	22

1.3 棉花品种

目前，新疆棉花主栽品种普遍存在的多乱杂问题，已经直接影响了优良主栽品种的应用与棉花加工质量的控制。如表1-17中所列举的新疆部分棉花产区2022年推荐主栽和辅助棉花品种。可以看出，仅上述14个棉区推荐的主栽及辅助品种数量就多达43个不同的品种，再加上兵团其他棉区和自治区各州县种植的棉花品种，仅新疆种植的棉花品种数量就有过百种。

表1-17　2022年新疆部分棉区推荐主栽品种

序号	推荐产区	推荐主栽品种
1	兵团第一师	塔河2号、新陆中82号、新陆中85号、源棉新13305号
2	兵团第二师	新陆中38号、源棉新13305号、新陆中55号
3	兵团第三师	新陆中38号、塔河2号
4	兵团第四师	中棉113号
5	兵团第五师	酒棉13号、新陆早71号、H33—1—4
6	兵团第六师	惠远720、中棉113、新陆早80号
7	兵团第七师	K07—12、Z1112、金科20号
8	兵团第八师	惠远720、新陆早84号、新陆早80号、新陆早71号
9	兵团第十师	新农大1号

第1章 棉花种植与生产报告

续表

序号	推荐产区	推荐主栽品种
10	兵团第十二师	中棉113
11	兵团第十三师	新陆中51号、新陆中67号
12	沙湾市	新陆早84号、新陆早78号、创棉508、新陆早65号、新陆早67号
13	乌苏市	新陆早67号、新陆早76号、新陆早79号、新陆早83号
14	昌吉州玛纳斯县	中棉113、新陆早78号、新陆早67号、新陆早82号、新陆早57号、新陆早84号、新农棉1号

表1-18列举了2016—2021年通过审定的国审棉花新品种，可见近六年间全国新增国审棉新品种117个，其中2016年新增13个、2017年新增10个、2018年新增6个、2019年新增23个、2020年新增26个、2021年新增39个。尤其是从2019开始，新增棉花品种数量快速上升，有可能给棉花品种控制带来更大挑战。

表1-18 2016—2021年通过审定的国审棉新品种

序号	年份	品种名称	审定编号	育种者
1	2016	银兴棉28	国审棉20160001	山东银兴种业股份有限公司
2	2016	硕丰棉1号	国审棉20160002	保定硕丰农产股份有限公司
3	2016	中棉所100	国审棉20160003	中国农业科学院棉花研究所
4	2016	瑞棉1号	国审棉20160004	济南鑫瑞种业科技有限公司、中国农业科学院生物技术研究所
5	2016	瑞杂818	国审棉20160005	济南鑫瑞种业科技有限公司、中国农业科学院生物技术研究所
6	2016	锦科707	国审棉20160006	新乡市锦科棉花研究所、新疆桑塔木种业股份有限公司
7	2016	宁棉2号	国审棉20160007	江苏神农大丰种业科技有限公司
8	2016	国欣棉16	国审棉20160008	河间市国欣农村技术服务总会、中国农业科学院生物技术研究所
9	2016	Z1112	国审棉20160009	新疆兵团第七师农业科学研究所、新疆锦棉种业科技股份有限公司
10	2016	新石K18	国审棉20160010	新疆石河子棉花研究所
11	2016	J206－5	国审棉20160011	新疆金丰源种业股份有限公司

续表

序号	年份	品种名称	审定编号	育种者
12	2016	创棉501号	国审棉20160012	创世纪种业有限公司
13	2016	中棉所99	国审棉20160013	中国农业科学院棉花研究所
14	2017	锦科杂10号	国审棉20170001	新乡市锦科棉花研究所、中国农业科学院生物技术研究所
15	2017	YM111	国审棉20170002	邯郸市农业科学院
16	2017	邯818	国审棉20170003	邯郸市农业科学院
17	2017	航棉12	国审棉20170004	安徽绿亿种业有限公司
18	2017	国欣棉15	国审棉20170005	河间市国欣农村技术服务总会
19	2017	晶华棉112	国审棉20170006	荆州市晶华种业科技有限公司
20	2017	江农棉2号	国审棉20170007	江西农庄主农业科技开发有限公司
21	2017	惠远720	国审棉20170008	新疆惠远种业股份有限公司
22	2017	新石K21	国审棉20170009	石河子农业科学研究院
23	2017	禾棉A9－9	国审棉20170010	巴州禾春洲种业有限公司
24	2018	中棉所110	国审棉20180001	中国农业科学院棉花所、山东众力棉业科技有限公司
25	2018	鲁棉1127	国审棉20180002	山东棉花研究中心
26	2018	鲁杂2138	国审棉20180003	山东棉花研究中心
27	2018	华惠13	国审棉20180004	湖北惠民农业科技有限公司
28	2018	湘杂198	国审棉20180005	湖北省荆州田野种业有限公司
29	2018	创棉508	国审棉20180006	创世纪种业有限公司
30	2019	华惠15	国审棉20190001	湖北惠民农业科技有限公司
31	2019	冈0996	国审棉20190002	武汉佳禾生物科技有限责任公司、黄冈市农业科学院
32	2019	国欣棉18号	国审棉20190003	河间市国欣农村技术服务总会、新疆国欣种业有限公司
33	2019	ZHM19	国审棉20190004	湖南省棉花科学研究所
34	2019	中棉所119	国审棉20190005	中国农业科学院棉花研究所
35	2019	鲁棉696	国审棉20190006	山东棉花研究中心
36	2019	国欣棉25	国审棉20190007	河间市国欣农村技术服务总会、新疆国欣种业有限公司

第1章 棉花种植与生产报告

续表

序号	年份	品种名称	审定编号	育种者
37	2019	中棉所117	国审棉20190008	中国农业科学院棉花研究所
38	2019	聊棉15号	国审棉20190009	聊城市农业科学研究院、山东银兴种业股份有限公司
39	2019	鲁棉238	国审棉20190010	山东棉花研究中心
40	2019	中棉所115	国审棉20190011	中国农业科学院棉花研究所
41	2019	鲁棉2387	国审棉20190012	山东棉花研究中心
42	2019	中棉425	国审棉20190013	中国农业科学院棉花研究所、山东众力棉业科技有限公司
43	2019	冀丰103	国审棉20190014	河北省农林科学院粮油作物研究所、河北冀丰棉花科技有限公司
44	2019	庄稼汉902	国审棉20190015	石河子市庄稼汉农业科技有限公司
45	2019	F015-5	国审棉20190016	新疆金丰源种业股份有限公司
46	2019	H33-1-4	国审棉20190017	新疆合信科技发展有限公司
47	2019	金科20	国审棉20190018	北京中农金科种业科技有限公司
48	2019	惠远1401	国审棉20190019	新疆惠远种业股份有限公司
49	2019	新石K28	国审棉20190020	中国农业科学院棉花研究所、石河子农业科学研究院
50	2019	中棉201	国审棉20190021	中棉种业科技股份有限公司
51	2019	创棉512	国审棉20190022	创世纪种业有限公司
52	2019	J8031	国审棉20190023	新疆金丰源种业股份有限公司
53	2020	国欣棉31	国审棉20200001	河间市国欣农村技术服务总会、新疆国欣种业有限公司
54	2020	中生棉11号	国审棉20200002	中国农业科学院生物技术研究所
55	2020	湘X1251	国审棉20200003	湖南省棉花科学研究所
56	2020	华田10号	国审棉20200004	湖北华田农业科技股份有限公司
57	2020	中生棉10号	国审棉20200005	中国农业科学院生物技术研究所
58	2020	华杂棉H116	国审棉20200006	华中农业大学
59	2020	鲁棉532	国审棉20200007	山东棉花研究中心
60	2020	德利农12号	国审棉20200008	德州市德农种子有限公司

续表

序号	年份	品种名称	审定编号	育种者
61	2020	中棉9001	国审棉20200009	中国农业科学院棉花研究所
62	2020	邯棉6101	国审棉20200010	邯郸市农业科学院
63	2020	邯棉3008	国审棉20200011	邯郸市农业科学院
64	2020	邯218	国审棉20200012	邯郸市农业科学院
65	2020	金农308	国审棉20200013	天津金世神农种业有限公司
66	2020	中棉所9708	国审棉20200014	中国农业科学院棉花研究所
67	2020	国欣棉26	国审棉20200015	河间市国欣农村技术服务总会、新疆国欣种业有限公司
68	2020	中棉所9711	国审棉20200016	中国农业科学院棉花研究所
69	2020	中M04	国审棉20200017	中国农业科学院棉花研究所
70	2020	H219	国审棉20200018	新疆合信科技发展有限公司
71	2020	H216	国审棉20200019	新疆合信科技发展有限公司
72	2020	金垦1643	国审棉20200020	新疆农垦科学院棉花研究所
73	2020	LP518	国审棉20200021	安徽隆平高科种业有限公司
74	2020	X19075	国审棉20200022	新疆合信科技发展有限公司
75	2020	巴43541	国审棉20200023	新疆巴音郭楞蒙古自治州农业科学研究院
76	2020	中棉所96B	国审棉20200024	中国农业科学院棉花研究所
77	2020	K7	国审棉20200025	新疆石大科技股份有限公司
78	2020	创棉517	国审棉20200026	创世纪种业有限公司
79	2021	新石K35	国审棉20210001	石河子农业科学研究院
80	2021	惠远1502	国审棉20210002	新疆惠远种业股份有限公司
81	2021	新石H16	国审棉20210003	石河子农业科学研究院、石河子市庄稼汉农业科技有限公司
82	2021	新石选162	国审棉20210004	石河子农业科学研究院、石河子市庄稼汉农业科技有限公司
83	2021	新19075	国审棉20210005	郭江平、李雪源、王俊铎、艾先涛、郑巨云、梁亚军、龚照龙、庞朝友、陈勇
84	2021	金科21	国审棉20210006	北京中农金科种业科技有限公司

续表

序号	年份	品种名称	审定编号	育种者
85	2021	中 7700	国审棉 20210007	新疆中农优棉棉业有限公司、中国农业科学院棉花研究所
86	2021	惠远 162	国审棉 20210008	新疆惠远种业股份有限公司
87	2021	五师 16－15	国审棉 20210009	新疆生产建设兵团第五师农业科学研究所
88	2021	五师 16－13	国审棉 20210010	新疆生产建设兵团第五师农业科学研究所
89	2021	金垦 1746	国审棉 20210011	新疆农垦科学院棉花研究所
90	2021	中生棉 17 号	国审棉 20210012	中国农业科学院生物技术研究所
91	2021	中棉 698	国审棉 20210013	新疆中棉种业有限公司
92	2021	中棉所 143	国审棉 20210014	中国农业科学院棉花研究所
93	2021	衡棉 1670	国审棉 20210015	河北省农林科学院旱作农业研究所
94	2021	鲁棉 378	国审棉 20210016	山东省农业科学院
95	2021	冀棉 803	国审棉 20210017	河北省农林科学院棉花研究所
96	2021	中棉 EB005	国审棉 20210018	中国农业科学院棉花研究所
97	2021	德棉 16 号	国审棉 20210019	德州市农业科学研究院
98	2021	冀丰 4 号	国审棉 20210020	河北省农林科学院粮油作物研究所、河北冀丰棉花科技有限公司
99	2021	中棉所 139	国审棉 20210021	中国农业科学院棉花研究所
100	2021	鲁杂 216	国审棉 20210022	山东省农业科学院
101	2021	冀 1518	国审棉 20210023	河北省农林科学院棉花研究所
102	2021	CRIZ140204	国审棉 20210024	中国农业科学院棉花研究所
103	2021	鲁棉 243	国审棉 20210025	山东省农业科学院
104	2021	中棉所 141	国审棉 20210026	中国农业科学院棉花研究所
105	2021	中棉 EB001	国审棉 20210027	中国农业科学院棉花研究所
106	2021	湘 K28	国审棉 20210028	湖南省棉花科学研究所
107	2021	冈杂棉 10 号	国审棉 20210029	黄冈市农业科学院
108	2021	华惠 20	国审棉 20210030	湖北惠民农业科技有限公司
109	2021	湘 FZ031	国审棉 20210031	湖南省棉花科学研究所

续表

序号	年份	品种名称	审定编号	育种者
110	2021	冈棉 10 号	国审棉 20210032	黄冈市农业科学院
111	2021	冈棉 9 号	国审棉 20210033	黄冈市农业科学院
112	2021	湘 XH50	国审棉 20210034	湖南省棉花科学研究所
113	2021	荆棉 91	国审棉 20210035	荆州农业科学院
114	2021	禾春洲 9 号	国审棉 20210036	巴州禾春洲种业有限公司
115	2021	创棉 509	国审棉 20210037	创世纪种业有限公司
116	2021	创棉 513	国审棉 20216001	创世纪种业有限公司
117	2021	创棉 518	国审棉 20216002	创世纪种业有限公司

数据来源：中华人民共和国农业农村部。①、②、③、④

1.4 小结

本章主要由安徽财经大学李明杰老师主笔撰写，李浩、周万怀老师负责协助数据收集和分析。文中所采用的数据均来自世界粮农组织（Food and Agriculture Organization of the United Nations，FAO），中华人民共和国国家统计局（National Bureau of Statistics of the People's Repulic of China，NBSPRC）以及中华人民共和国农业农村部（Ministry of Agriculture and Rural Affairs of the People's Republic of China，MARAPRC）等官方权威数据。由于棉花年度的特殊性，截至撰写时部分数据仅更新到 2019 年，特此说明。这里对本章中的数据来源单位，对内容起到帮助的引文作者及相关单位表示衷心的谢意！

---

① 中华人民共和国农业部公告第 2547 号. 中华人民共和国农业部[EB/OL]. http://www.zys.moa.gov.cn/gzdt/201707/t20170712_6313563.htm，2017.6.29.

② 中华人民共和国农业农村部公告第 65 号. 中华人民共和国农业农村部[EB/OL]. http://www.moa.gov.cn/nybgb/2018/201810/201812/t20181218_6165104.htm，2018.10.20.

③ 中华人民共和国农业农村部公告第 224 号. 中华人民共和国农业农村部[EB/OL]. http://www.zys.moa.gov.cn/gsgg/201911/t20191104_6331055.htm，2019.10.31.

④ 中华人民共和国农业农村部公告第 360 号. 中华人民共和国农业农村部[EB/OL]. http://www.zzj.moa.gov.cn/gsgg/202012/t20201202_6357482.htm，2020.11.26.

第 2 章 棉花消费与贸易报告

2.1 棉花进出口贸易

棉花是重要的国际贸易商品,全球参与棉花进出口的国家超过 150 个。在 20 世纪 80 年代初,棉花贸易量约占世界棉花产量的 30%,到 21 世纪初,棉花贸易量占世界棉花产量的近 35%,从 2020 年到 2022 年 6 月棉花贸易量占世界棉花产量的近 40%(见图 2-1)。

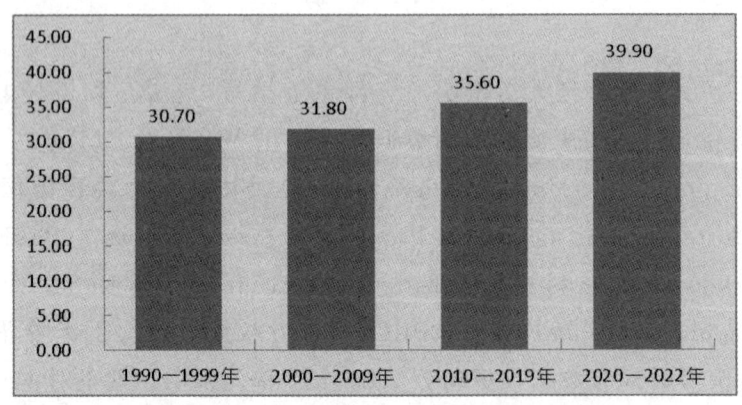

图 2-1 1990 年以来每十年世界棉花贸易量与产量平均占比(%)

2.1.1 全球棉花供应和分配状况

从全球棉花的供应和分配(见表 2-1)的变化来看,全球棉花的生产和消费基本保持了增长的态势,但棉花产量在年度间的波动较大,而消费则基本呈增长趋势。棉花的库存起到了调节年度之间供需平衡的重要作用。

表 2-1 全球棉花供应和分配状况

年度	产量（万吨）	进口量（万吨）	出口量（万吨）	消费量（万吨）	期末库存（万吨）	库存消费比(%)
2011/2012	2770.41	988.97	1002.16	2266.21	1568.38	69
2012/2013	2697.63	1037.02	1009.37	2356.28	1944.84	83
2013/2014	2620.51	902.16	896.96	2392.49	2176.07	91
2014/2015	2595.64	794.26	788.68	2445.50	2325.95	95
2015/2016	2093.70	777.71	760.92	2465.12	1965.57	80
2016/2017	2322.62	824.61	829.36	2531.42	1747.54	69
2017/2018	2698.91	904.67	907.71	2675.35	1765.66	66
2018/2019	2581.82	923.91	904.69	2622.97	1742.82	66
2019/2020	2643.13	886.99	897.72	2238.64	2137.14	95
2020/2021	2447.70	1053.61	1046.10	2591.22	1998.32	77
2021/2022	2546.11	971.92	983.40	2649.51	1805.91	68
2022/2023	2640.23	1033.86	1033.76	2644.09	1802.17	68

注：(1)此处采用的是棉花年度，从当年的8月1日算到第二年的7月31日。(2)库存消费比＝期末库存/消费量。(3)2022/2023年度为预测值。资料来源：美国农业部。①

全球棉花库存在20世纪70年代和80年代前半期，基本稳定在500万吨左右，随后一直到90年代中期稳定在1000万吨以内，20世纪90年代中期以来，全球棉花的库存上升到1000万吨以上，库存消费比在50%左右，相对处于较高的水平。2011年以后全球棉花库存大幅度上升，2011/2012年度的期末库存达到1568.38万吨，到2014/2015年上升到2325.95万吨，之后呈回落趋势，到2018/2019年度下降到了1742.82万吨，2019/2020年度又大幅上升至2137.14万吨，之后三年又小幅度回落，2022/2023年度回落至1802.17万吨。近年的库存消费比达到非常高的水平，几乎都超过50%，个别年度高达95%，接近于100%。全球棉花库存近年来大幅度提高的主要原因是，中国从2011年到2014年实行棉花临时收储政策，以远远高于国际棉花价格的收储价格，对国

---

① 美国农业部. https://www.usda.gov/.2021.8.27.

第 2 章 棉花消费与贸易报告

内生产的棉花进行收储。

2.1.2 全球棉花的贸易规模

根据美国农业部的统计数据，20 世纪 60 年代以来全球棉花的贸易基本呈递增趋势，近 50 年来，棉花的出口量增长了一倍多。2000/2001 年度全球棉花出口 569.48 万吨，到 2012/2013 年度增长到 1009.37 万吨，随后开始下降，到 2015/2016 年度达到最低值，为 760.92 万吨，之后又逐年回升，到 2020/2021 年度为 1046.10 万吨。详情如图 2-2 所示。

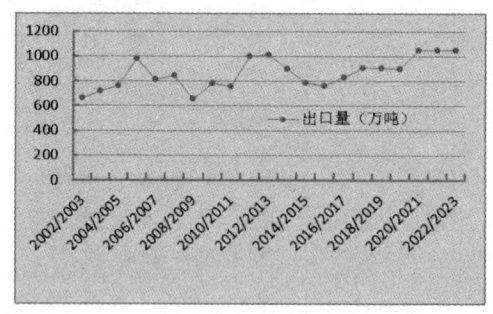

图 2-2　2000 年以来世界棉花出口总量

（说明：2022/2023 年度为预测值。资料来源：美国农业部）

2.1.3 主要国家的棉花贸易

对于一个具体国家来说，消费（C）－生产（Q）＝进口（M）－出口（E），等号左边表示国内供需关系，右边表示棉花贸易。当 C＞Q 时表现为过量需求，反之表现为过量供给；M＞E 时为净进口，反之为净出口。

表 2-2 列出了棉花进出口位居前列的国家的基本情况。根据美国农业部的数据，在棉花进口方面，世界前七大进口国分别为中国、孟加拉国、越南、巴基斯坦、土耳其、印度尼西亚、印度；在棉花出口方面，世界前七大棉花出口国分别为美国、巴西、印度、澳大利亚、希腊、贝宁、马里。

表 2-2 主要国家的棉花进出口情况

国家	棉花进口量(万吨)				
	2018/2019	2019/2020	2020/2021	2021/2022	2022/2023
中国	209.90	155.40	280.00	185.10	228.60
孟加拉国	152.40	163.30	190.50	180.70	191.60
越南	151.10	141.10	159.20	156.80	163.30
巴基斯坦	62.10	86.50	115.90	100.20	108.90
土耳其	78.50	101.70	116.00	120.80	108.90
印度尼西亚	66.40	54.70	50.20	55.50	54.40
印度	39.20	49.60	18.40	26.10	37.00
其他	164.90	130.70	138.30	146.70	141.20
总计	924.50	883.10	1068.60	971.90	1033.90
国家	棉花出口量(万吨)				
美国	323.00	337.70	356.40	321.10	315.70
巴西	131.00	194.60	239.80	172.00	213.40
印度	79.10	29.60	34.10	95.80	124.10
澳大利亚	76.70	69.70	134.80	93.60	87.10
希腊	30.30	21.10	30.50	32.70	33.20
贝宁	29.40	25.60	13.10	28.30	30.50
马里	29.50	31.90	35.50	30.50	28.30
其他	205.30	183.60	212.20	209.40	201.50
总计	904.20	893.90	1056.30	983.40	1033.80

注：此处采用的是棉花年度，从当年的8月1日算起到次年的7月31日(资料来源：美国农业部)。

2.1.4 我国棉花贸易

中华人民共和国成立以来，我国的棉花产业快速发展，在国际上的地位逐渐提高，逐渐成为数一数二的棉花生产大国。自从加入WTO后，我国的棉花产业发展发生了巨大的变化，不仅是棉花生产大国，同时也是棉花消费大国。

第2章 棉花消费与贸易报告

从目前的情况来看,我国的棉花供应和需求之间存在较大的缺口,本土的棉花产量已经难以满足市场需求,逐渐成了世界上最大的棉花进口国,虽然也有部分棉花出口,但占比非常小。

1.棉花进口

国家统计局统计数据显示,2004年以来中国棉花进口数量及金额详情如图2-3所示。从2004年,我国棉花进口开始快速增长,到2006年进口量达到364万吨、进口额为48.7亿美元;随后,由于受到2008年全球金融危机的影响,棉花进口量出现短期下调,2009年底为153万吨,进口额为21.1亿美元;从2010年开始棉花进口量出现较大增加,2012年达到最大量,为513万吨,进口金额为118亿美元;随后又出现一定的回落,到2016年又开始回升,2020年进口数量为216万吨,进口金额为35.7亿美元。

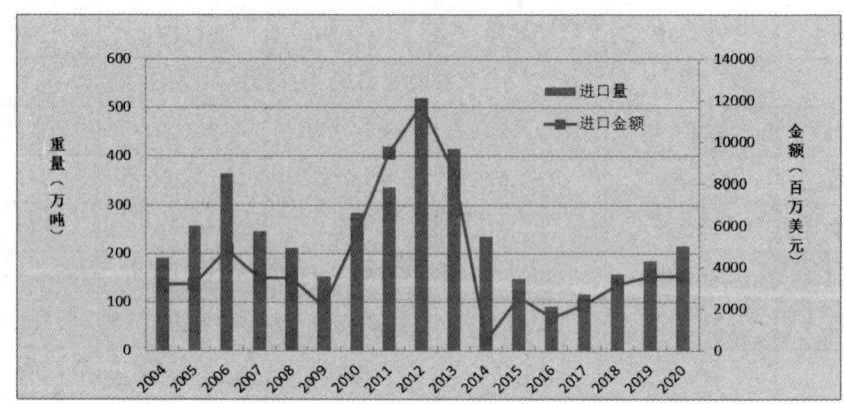

图2-3 中国棉花进口量及金额(数据来源:国家统计局)

2.棉花出口

长期以来,我国居于世界最大棉花消费国的地位,加入WTO以后,虽然中国每年也有部分棉花出口,但出口量远远低于进口量。国家统计局的数据资料显示(见图2-4),2004年开始到2019年,我国的棉花出口量呈波动性缓慢增长,到2019年出现了稍大幅度的增长,年出口量超过5万吨,但2020年出现了大幅度下降,为0.95万吨。

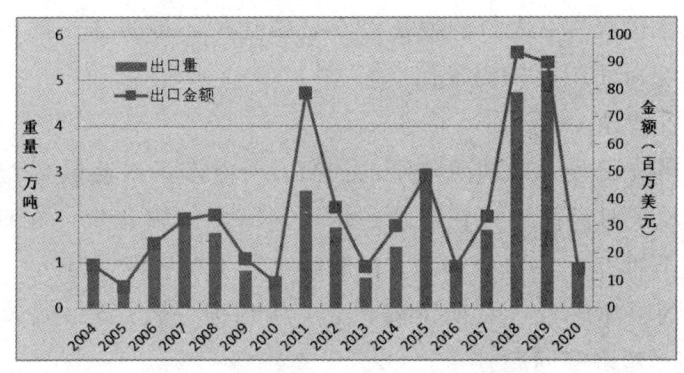

图 2-4　中国棉花出口数量及金额

(2004—2019 年数据来源:国家统计局。2020 年度数据来源:美国农业部)

2.1.5 影响我国棉花进口的主要因素

影响我国棉花是否需要进口的因素主要有国内的棉花生产能力、生产量和安全成本以及供需缺口,而具体如何进口则与国家的棉花贸易政策密切相关。

1. 棉花生产能力的提高受到资源的约束

我国棉花的生产能力主要受到耕地和水资源、资本、劳动、技术等要素的投入能力影响。首先,中国国土辽阔,但人多地少,耕地后备资源严重不足。同样,中国的水资源总量丰富,但人均占有量较低,而且分布不均且季节性强,非常不利于棉花生产能力的提高。其次,就农业生产技术而言,虽然我国对于棉花生产在技术方面的投入力度不断加大,但同美国等发达国家相比,技术仍然相对落后,生产的棉花质量较低,难以满足对于高品质的棉花需求。

2. 棉花生产成本较高

我国自 1999 年以后,棉花产业在国际市场上的比较优势已经基本丧失,棉花产业处于劣势地位,其主要原因是生产成本居高不下。我国的棉花生产成本与美国相比,始终较高并且差距较大。由于美国已实现了棉花生产全程机械化,而中国仍处于半机械化时代,劳动力投入较大,从而使生产成本居高不下。

3. 刚性需求不断增加

中国是棉纺织品生产和消费大国。棉花是重要的纺织原料,根据美国农业部的数据,2021/2022 年度中国的棉花消费达到 827 万吨。中国消费者生活水平和可支配收入的提高、人口的增长以及城镇化的不断推进，都在一定程度上提高了国内市场对纺织品的需求。

4.棉花品质差异大

随着国民可支配收入和消费水平的提高，国内市场对高端棉纺织品的需要日益增长，推动了对高品质棉花需求的增长。而本土棉花生产在种植、运输和加工等各个环节都存在一定的问题，在国际市场上的竞争力不足。尤其是近年来，国产棉花的整体质量还有所下降，主要体现为一致性较差、短绒率高、马克隆值高以及三丝多等问题。

5.政策性因素的影响

由于国内市场对棉花的需求比较大，棉花被列为战略资源加以保护。加入WTO以来，针对棉花进口我国采取了关税配额措施进行调控。从2005年开始，我国开始对棉花配额外的进口棉实施滑准税政策，其目标是调节棉花的进口价格，减少国际市场价格波动带来的影响，从而稳定国内市场的棉花价格。为了稳定棉花生产及市场价格、保护国内棉农的经济利益、保证市场供应等，我国从2011年到2013年连续3年实行了棉花临时收储制度。从2014年开始，我国又对新疆地区实行了棉花目标价格补贴政策。2017年，国家发改委提出自2017年起在新疆深化棉花目标价格改革，对打造新疆优质棉花生产基地，稳定棉农种棉积极性，提升国内棉花产业竞争力，促进棉纺织产业健康发展起到了积极的推动作用。我国的棉花去库存政策是从2014年开始的，其标志是2014年储备棉轮出政策的出台，在棉花种植面积下降、产量下滑、进口配额不增发的情况下，我国棉花去库存政策的实施效果显著。除了以上政策的影响之外，我国在三省一区实施的玉米临时收储政策也对我国棉花的进口产生了间接影响。

2.2 棉花价格

2.2.1 国际棉花价格变动

全球棉花价格的变动受多种因素的影响，包括世界棉花产量、消费量、经济景气程度、气候状况、战争、化纤的价格等，而且棉花的品种以及品质也会影响到棉花的价格。各个国家（如中国、美国等）实施的补贴政策也会对棉花价格产生一定的影响。

国际棉花价格指数可以反映国际棉花综合报价水平。如图2-5所示,为国际棉花价格变动情况。可以看出,2005年以来国际棉花价格波动幅度较大。年度价格由2005年的54.24美分/磅上涨到2008年的71.32美分/磅,2009年出现了一定幅度的下降,为62.87美分/磅,随后又出现了大幅度的上升,2011年达到了最高位,为154.4美分/磅,而后几年又呈下降趋势,2015年降到70.39美分/磅,随后又小幅度呈上升变化,2018年达到91.41美分/磅,2019年和2020年呈小幅下降趋势,之后又大幅度上升,2022年上升到146.99美分/磅。

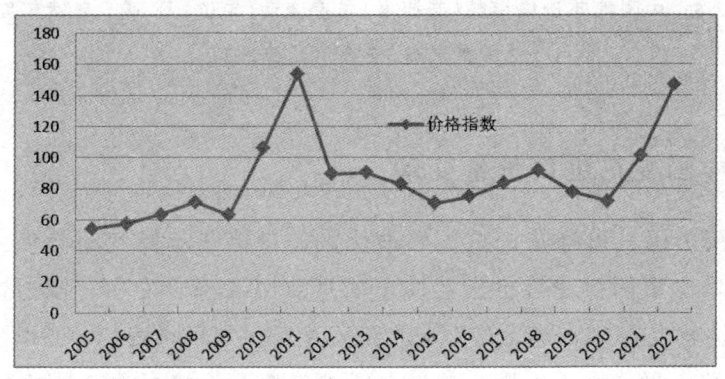

图2-5 国际棉花价格指数年度变动(单位:美分/磅,自然年度)

(数据来源:Cotlook)

2.2.2 中国棉花价格变动

中国棉花协会统计数据显示(见图2-6),2013年以来,中国棉花价格变动较大,整体上呈下降趋势,到2015年,CCIndex2129B、CCIndex3128B、CCIndex2227B分别降到13895元/吨、13235元/吨和12166元/吨;随后又呈现一定幅度的上升,到2018年分别为16487元/吨、15879元/吨和14817元/吨;从2019年开始又呈现下降趋势,到2020年分别为13250元/吨、12929元/吨和12078元/吨,2021年又出现一定幅度的上升,分别为16457元/吨、16126元/吨和15272元/吨。中国棉花价格的变动一方面受到供求关系变化的影响,另一方面也受国际棉花价格变动和国家的补贴政策的影响。对比图2-5可以看出,国内棉花价格变动和2013年以后国际棉花价格变动十分相近。

第 2 章　棉花消费与贸易报告

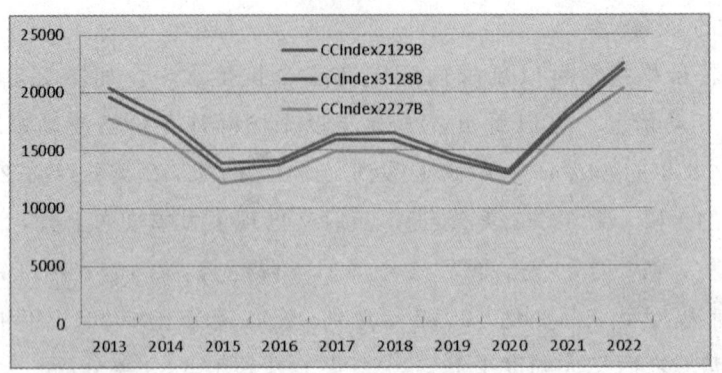

图 2-6　中国棉花价格指数(新标准)年度变动(单位:元/吨,自然年度)

(数据来源:中国棉花协会)

2.2.3 中国棉花进口价格变动

这里使用中国进口棉花价格指数来代表进口棉花价格变动趋势。中国进口棉花价格指数是中国棉花价格指数体系的重要组成部分之一,该指数由中国棉花协会、全国棉花交易市场、英国 Cotlook 公司三方共同发起,可以反映进口棉花到中国的综合报价水平。图 2-7 为中国进口棉花价格指数变动情况。

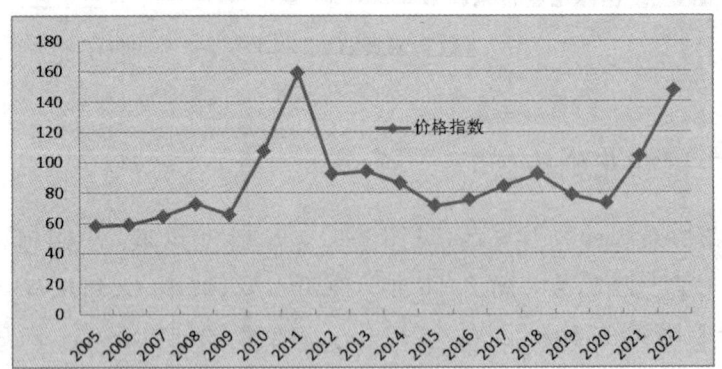

图 2-7　中国进口棉花价格指数年度变动(单位:美分/磅,自然年度)

(数据来源:中国棉花协会)

可以看出,2005 年以来中国进口棉花价格与国际棉花价格变动趋势相近(见图 2-5),价格波动幅度较大,年度价格由 2005 年的 58.08 美分/磅上涨到 2008 年的 72.63 美分/磅;2009 年出现了一定幅度的下降,为 65.41 美分/磅,随后又出现了大幅度的上升,2011年达到了最高位,为159.21美分/磅;而后几年又呈下降趋势,2015年降到71.27美分/磅,随后5年又小幅度呈波动上升变化,从2020年起又出现大幅度上升趋势,到2022年上升到147.28美分/磅。

全球棉花价格的变动受多种因素的影响,但影响棉花价格的主要因素仍然是供求关系的变化。由于中国棉花产量在国际棉花市场有着举足轻重的地位,"中国因素"也成为影响国际棉花价格走势的重要因素,中国棉花的生产及进口量对世界棉花价格变动影响较大。

2.3 棉花仓储

2.3.1 全球棉花库存的变化

当前全球棉花期末库存排在前七位的国家分别为中国、印度、巴西、澳大利亚、美国、巴基斯坦和土耳其(见表2-3)。

表2-3 近五年来主要国家的棉花期末库存情况

国家	期末库存(单位:千吨,棉花年度)				
	2018/2019	2019/2020	2020/2021	2021/2022	2022/2023
中国	776.6	803.4	852.2	758.5	797.4
印度	196	367.6	345.8	313.2	164.1
巴西	266.8	313.6	242.7	269.4	282.2
澳大利亚	34.2	17.5	48.3	67.1	82.4
美国	105.6	157.9	69.7	65.3	63.1
巴基斯坦	54.3	73.8	59.7	58	39.5
土耳其	36.9	60.2	59.1	57	63.3
其他	272.3	343.2	320.9	310.6	310.2
总计	1742.8	2137.2	1998.3	1899.1	1802.2

注:2022/2023年度为预测值。数据来源:美国农业部。

第 2 章　棉花消费与贸易报告

美国农业部统计数据显示,全球棉花库存在20世纪70年代和80年代前半期,基本稳定在500万吨左右,而从80年代中期开始快速上升,达到1000万吨,随后一直到90年代中期基本稳定在1000万吨以内;1998年以后,棉花库存开始超过1000万吨,其中2011年至2014年棉花库存增长较快,2011年棉花库存为1569万吨。2011年之前大部分年份棉花生产量小于消费量,2011年之后棉花产量超过消费量,多出503万吨。尽管随后这种差距在逐渐缩小,但2014/2015年度仍然多出152万吨,这推高了全球棉花库存的最高水平,达到了2324万吨。随后全球棉花库存出现一定幅度的波动性降低,2022/2023年度全球库存为1802.2万吨(见图2-8)。

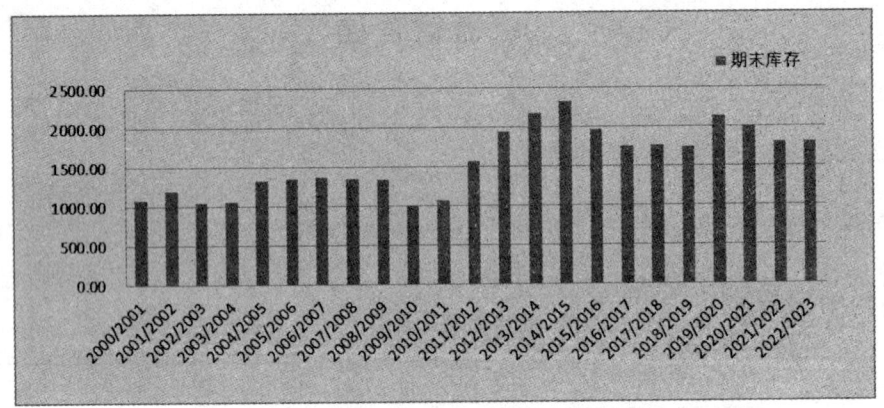

图 2-8　全球棉花期末库存变化(单位:万吨,棉花年度)

(说明:2022/2023年度为预测值。数据来源:美国农业部)

2.3.2 中国棉花库存变化

我国棉花期末库存变化情况如图2-9所示。2010年之前,我国的棉花期末库存基本稳定在400万吨左右,从2011年开始我国棉花期末库存大幅度上升,到2014年达到1446万吨,处于最高水平,这是因为我国从2011年开始实行了棉花临时收储政策,以远远高于国际价格的棉花收储价格,对国内生产的棉花进行收储,使得库存量大幅增加。2014年之后,我国棉花期末库存量开始出现一定幅度的下降,到2017年降到999万吨。因为我国从2014年开始取消了棉花临时收储政策,并施行了一系列去库存策略。由此也引起了全球棉花库存的大幅降低,从2018年至2022年,基本维持在800万吨左右。

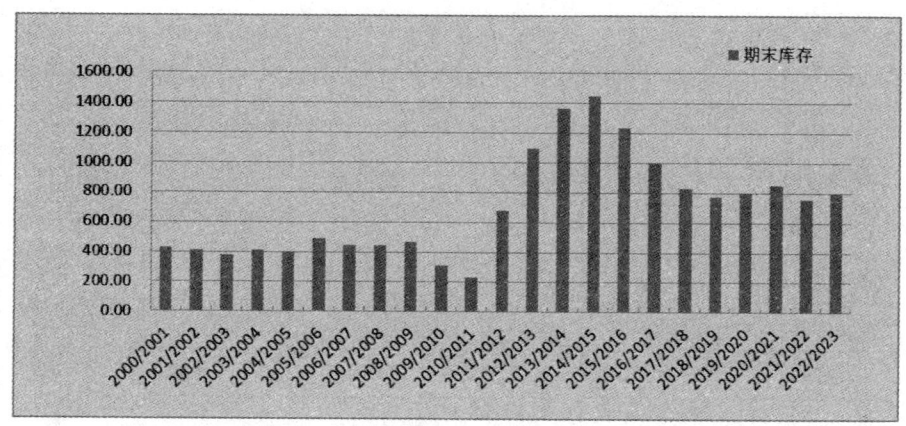

图 2-9 中国棉花期末库存变化(单位:万吨,棉花年度)
(说明:2022/2023年度为预测值。数据来源:美国农业部)

2.4 棉花消费

2.4.1 全球棉花消费的变化

20世纪40年代以来,全球的棉花消费以平均2%的速度增长,其中50年代和80年代棉花消费增长速度较快,50年代的消费增长率达到4.6%,80年代的消费增长率也达到3%。发展中国家是棉花消费增长较快的地区。根据ICAC的数据,1981—1999年,发展中国家的棉花消费占全球棉花消费的78%,而2000年以后则超过了80%,2010年以后达到94%。表2-4为全球主要棉花消费国的棉花消费量。可以看出,棉花消费向发展中国家转移,主要是因为纺织业属于劳动密集型产业,纺织业中劳动力成本占产品成本的1/6,发展中国家的劳动力成本低,竞争力强于发达国家纺织品产业。

第 2 章 棉花消费与贸易报告

表 2-4 全球主要棉花消费国的棉花消费量

国家	棉花消费量（单位：万吨）				
	2018/2019	2019/2020	2020/2021	2021/2022	2022/2023
中国	860.00	718.50	870.90	827.40	827.38
印度	529.10	435.50	522.50	555.20	555.20
巴基斯坦	233.00	200.30	226.40	241.70	242.20
孟加拉国	156.80	150.20	182.90	193.80	193.99
土耳其	150.20	143.70	167.60	187.20	187.20
越南	152.40	143.70	158.90	161.10	161.09
乌兹别克斯坦	61.00	65.30	68.60	59.90	59.90
其他	480.60	381.50	393.30	423.10	419.21
全球	2623.00	2238.70	2591.30	2649.40	2646.20

注：2022/2023 年度为预测值。数据来源：美国农业部。

美国农业部的数据表明，中国、印度、巴基斯坦这些国家既是棉花生产大国，同时也是棉花消费大国，20 世纪 80 年代以后这三个国家的消费超过全球棉花消费的 50%。2021/2022 年度这三个国家占比高达 61.3%，其中中国棉花消费量约占全球的 31.2%，印度和巴基斯坦棉花消费量约占全球的 21.0% 和 9.1%。另外孟加拉国的消费量占全球的 7.3%，土耳其和越南的消费量分别约占 7.1% 和 6.1%，详情如图 2-10 所示。

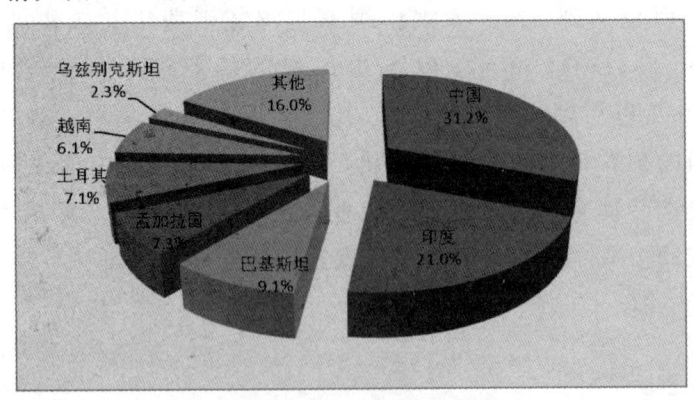

图 2-10 2021/2022 年度主要国家棉花消费量与全球棉花消费量占比

（数据来源：美国农业部）

2.4.2 中国棉花的消费情况

中国不仅是棉花生产大国,同时也是棉花消费大国。根据美国农业部统计数据,中国棉花消费量出现较大波动,具体如图2-11所示。从图中可以看出,从2000年开始一直到2007年,我国棉花消费量呈持续增长态势,从494.78万吨上升到1055.96万吨,平均增长率达到11.45%。但从2004年开始到2008年,棉花消费增长率开始逐渐下降,2008年为-11.86%,2008年受全球经济衰退的影响,棉花消费量出现了下滑,与2007年相比,减少了约125万吨。2009年,我国棉花消费量急速上升到1088.62万吨,达到历年的最高纪录,2010—2013年棉花消费量为负增长态势,年增长率分别为-8%、-17.39%、-5.26%和-4.17%。此后几年,棉花消费量及增长率都较为平缓。2020年棉花消费量上升为870.9万吨,年增长率达到21.21%。2021年棉花消费量下降到829.67万吨,2022年消费量为827.4万吨,这两年的增长率分别为-4.73%和-0.27%。

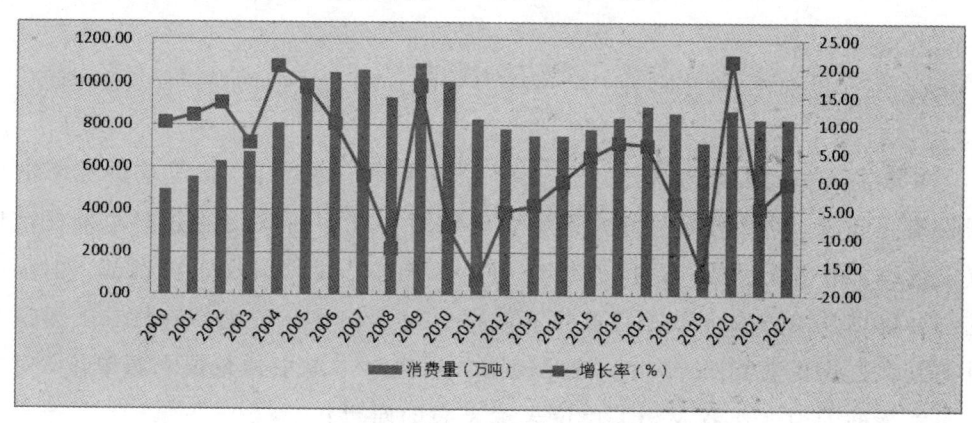

图2-11 中国棉花消费量和棉花消费增长率变化

(数据来源:美国农业部)

长期以来,中国是世界上最大的棉花消费国,并且在加入WTO以后,有了飞跃性的发展。在此期间,中国的棉花消费量占世界棉花消费总量的比重一直在25%以上,远高于美国、印度、巴基斯坦和巴西等棉花生产大国。中国的棉花消费需求主要由纺织工业用棉、军需民用絮棉及其损耗和其他用棉三部分组成,其中纺织工业用棉是中国主要的棉花消费需求。20世纪90年代,棉花的消费基本趋于稳定,一般在 400 万吨徘徊,加入 WTO 以后,中国的纺织服装工业迅速发展,纺织用棉量大幅度增加,进一步刺激了中国棉花消费需求。

2.4.3 影响棉花消费的主要因素

一般来讲,当棉花价格上升以及棉花贸易低迷的时期,棉花的消费也将保持在较低的水平,而当全球经济处于上升期时,也会刺激棉花消费量的增加。2008 年以来,全球经济增长乏力,不确定性因素增加,同时由于棉花价格大起大落,再加上印度等棉花出口大国对棉花出口进行限制,全球棉花的消费虽然在复苏,但速度缓慢。根据 OECD-FAO 的预测,棉花消费的未来增长速度将略低于近年的 1.9% 的平均增长速度。美国农业部预测认为,虽然全球棉花消费增长缓慢增加,但增长比较有限。美国农业部预测棉花消费的主要参考指标包括全球经济增长前景、棉花价格、纺织品服装的含棉量等,这些都是影响棉花消费的主要因素。

2.5 小结

本章主要由安徽财经大学李浩老师主笔撰写,周万怀、张雪东负责协助数据收集和分析,刘从九和徐守东老师负责审查。文中所采用的数据均来自世界粮农组织,中华人民共和国国家统计局,中华人民共和国农业农村部,中国棉花协会等以及美国农业部等官方权威数据。由于棉花年度的特殊性,截至撰写时部分数据仅更新到 2020 年,特此说明。这里对本章中的数据来源单位,对内容起到帮助的引文作者及相关单位表示衷心的谢意!

第3章 双循环背景下构建棉花产业新发展格局的报告

3.1 引言

突如其来的新冠肺炎疫情使得全球经济遭受严重打击,在此背景下,习近平总书记提出继续深化供给侧改革,构建国内国际"双循环"新发展格局,为下一阶段发展提供重要方向。中国作为全球最大的棉花生产国、进口国与消费国,棉花产业对外依存度较高,而疫情冲击使得国际市场面临较大的不确定性,即使国内市场恢复迅速,棉花及相关产业也将受到较大影响。因此,构建棉花产业新发展格局刻不容缓。"双循环"新发展格局是要充分发挥国内制度优势及超大规模市场优势,逐步形成以国内大循环为主体,国内国际双循环相互促进的新发展格局。

3.2 当前中国棉花产业发展面临的内外部环境

3.2.1 国际市场面临较大不确定性

在全球经济总体放缓与逆全球化趋势不断加强的大背景下,中国棉花产业面临的外部环境呈现出更多的不确定性。从禽流感的暴发到非洲猪瘟的蔓延,再到2019年底出现的新冠疫情,全球开始进入一个重大公共安全事件频发的时期。2020年新冠肺炎疫情开始在全球的多个国家快速蔓延,部分国家对粮食的出口采取了限制措施,国际物资与人员流动也受到了较大影响,出现了限航甚至断航的情况。与此同时,全球的金融市场和石油市场也出现了一定程度

第3章 双循环背景下构建棉花产业新发展格局的报告

的动荡。2018年以后,中美贸易摩擦不断升级,中美经贸关系越发复杂、动荡,全球贸易保护主义抬头。美国是中国棉花进口的重要来源地,中美经贸关系的不确定性使得中国棉花进口面临较多的风险。2020年下半年以来,"新疆棉事件"也使得中国棉花生产及棉纺织品市场面临较大的不确定性。世界经济不稳定性、不确定性增加,经济全球化遭遇逆流,全球产业链、供应链面临冲击,中美经贸关系、新冠肺炎疫情成为棉花行业发展面临的最大不确定性因素。

外部环境的高度不确定性,要求我们高度重视棉花产业安全问题,重新审视棉花产业的可持续发展问题。面对国内外经贸形势的新变化,中国提出了"双循环"发展战略。当前中国棉花国内供给大幅度上升的可能性较小,而需求方面则同时面临着需求的增长与结构的不断升级,棉花"缺口型进口""结构型进口"以及"价差型进口"同时存在,且有持续扩大的趋势。外部环境的这种复杂性与高度不确定性,给中国棉花产业的发展提出了新的挑战,中国能否从国际市场获得持续、稳定、足量的棉花供给,进口安全是否能够得到有效保障,是值得深入研究的课题,也是中国棉花产业深化供给侧改革,实现高质量发展的重要内容。

3.2.2 中国棉花生产受到资源及环境的制约

棉花的生产能力主要受到耕地和水资源、资本、劳动、技术等要素的投入能力的影响。受到资源环境及市场约束,棉花产量难以有较大的提高。首先,从耕地和水资源来看,中国农业生产力正在承受土地资源稀缺的挑战。与此同时,经济不断发展,工业和城市化进程不断加速,这些都给有限的土地资源持续施加着压力。中国国土辽阔,但人多地少、耕地后备资源严重不足。为了保证稻谷和小麦等主要粮食作物的种植,在耕地面积总量得不到有效提升的情况下,其他作物的耕种面积就势必被一定程度地压缩。同样,中国的水资源总量丰富,但人均占有量较低。而且水资源季节和地区分布不均。因此,综合来看,中国的耕地资源和水资源的现状不利于棉花生产能力的提高。其次,就农业生产技术而言,目前中国对于棉花生产在技术方面的投入力度不断加大,传统农业不断向现代农业转变。但是,同美国等发达国家相比,中国棉花生产技术仍比较落后,特别是在棉花产出质量上差距较大。

综合耕地、水资源以及农业生产技术三方面考虑,中国棉花生产能力的提高会受到极大的约束。中国棉花生产规模小，与其他竞争性作物相比又不具备成本优势，所以农民的种植意愿不高，种植面积近年呈现萎缩的局面，产量也随之呈现下降趋势。在中国棉花最重要的产区之一的新疆，人均耕地数量也在不断减少。因此，如果不提高播种面积，仅靠单产的提高很难实现棉花总产量的显著增加。供给的不足，使得中国被迫从国外进口棉花，土地和水资源的稀缺性是导致我国出现棉花进口现象的最根本原因。

3.2.3 中国棉花消费稳中有升，棉花产需之间存在较大缺口

中国不仅是棉花生产大国，同时也是棉花消费大国。在加入WTO以后，中国棉花消费量占世界棉花总消费量比重一直在25%以上，远高于美国、印度、巴基斯坦和巴西等棉花生产大国，使中国成为全球棉花消费量最高的国家。2006/2007年度中国棉花消费量最高达到了1167万吨。2010年以后，中国国内棉花价格保持在较高水平，劳动力成本上升，以及更多的便宜的纱线的进口，使得中国纺织行业受到较大冲击，纺织业逐渐开始向周边的东南亚国家转移，大型棉纺织企业纷纷进行结构升级、技术调整以及新产品开发，而中小企业则普遍出现订单不足、开工率低的问题。棉花消费出现下滑，2014年的消费量下滑到742.1万吨。纱线进口也对棉花消费产生了较大影响。2013年和2014年中国纱线进口都维持在较高的水平，每年进口量为200万吨左右。进口纱相比国内有较大的价格优势，且价格比较平稳。纱线进口的增加会减少对棉花的消费需求。2015年以来，中国棉纺织行业的经营困难加大，市场消费相对低迷，纺织品服装价格下滑，出口不畅，生产成本增加。纺织服装生产增速放缓，2015年以后棉花消费量保持了稳中有升的趋势，棉花需求呈现恢复性增长态势，国内棉花产需缺口开始加大，2020年受疫情的影响，中国棉花消费呈现一定幅度的下降（棉花消费量达到810万吨，数据来源于中国棉花协会）。但2021年以来由于纺织业订单大量向中国转移，中国纺织企业的用棉需求正在迅速恢复并出现较大增长。

2016年以后中国棉花生产缓慢回升，近几年维持在600万吨左右，消费量保持了先减后增的趋势，近年稳定在800万吨左右。可以看出棉花消费与生产之间始终存在200万吨左右的缺口。

3.2.4 国内棉花市场运行存在结构性矛盾

一方面,棉花库存仍然处于较高水平。2011年以来,中国棉花库存大幅度增长,中国棉花储备占世界库存的比例不断提高,2015年的期初库存达到1316万吨,占全球库存总量的近60%。而中国棉花消费却出现一定程度的下降。连续三年实行的高价临时收储政策是造成中国棉花库存急剧增长的主要原因。随后几年,中国棉花市场的主要任务就是逐步消化较高的库存,中国棉花库存也从历史高位逐步下降,但当前的库存水平仍然维持在较高水平,2020年棉花期初库存下降到791万吨。尽管中国的棉花生产与棉花消费之间存在较大的缺口,但相对较高的棉花库存的存在必然对棉花的生产和市场运行带来较大的负面影响。

另一方面,棉花目标价格改革成效持续显现,市场在资源配置中逐步发挥决定性作用,期现结合的价格机制基本形成,棉花金融属性增强,市场参与主体呈现多元化发展趋势。因此,棉花价格的波动性进一步加大,呈现内外联动的特点,来自外部市场的冲击加大。

除此之外,棉花产业仍然面临来自化纤的竞争替代。在过去40年里,全球纤维消费量增长了3倍,但棉花所占份额却从48%减少到27%,增长主要来源于化纤。随着化纤技术进步,纺织原料将进一步多样化,棉花因其天然、成本高的属性,未来将在相对高端消费领域保持竞争力。

3.3 中国棉花产业链的形成和发展

随着20世纪末棉花流通体制的改革,中国棉花的产业化经营和棉花市场体系得到一定发展,棉花产业链的发展取得了较好的成效。

3.3.1 上游环节:棉花的育种与生产

1.棉花种业的发展

中国种业发展经历了三个阶段,1990年前为计划管理,其科研、育种、推广和经营相互独立;1990—2000年,种业开始向市场转变,多种类型种子公司出现;2000年至今,种业进入市场化发展阶段,市场主体实现了多元化,竞争态势已经形成。近年来,种业全球化竞争态势加剧,国际种业巨头前十强全部进驻中国,凭借资本优势和高新技术纷纷抢占国内种业市场。

棉花育种方面,国产转基因抗虫棉已经占国内转基因抗虫棉95%以上的市场份额。中国在转基因抗虫杂交棉,尤其三系杂交棉、短季棉等研究领域已经达到世界领先水平,转基因抗虫棉育种技术也达到世界先进水平。中国转基因抗虫棉的种植,从1997年开始引进美国品种大面积种植以来,种植面积呈快速增长趋势,种植面积从1997年的零星面积至现在占中国植棉面积的70%以上(主要是国内转基因抗虫品种的应用)。当前中国黄河流域和长江流域棉区棉花品种均为转基因抗虫棉。

1998年以来,新疆作为中国暂不推广抗虫棉的棉区,转基因抗虫棉品种审定、推广一直受限。但一些未获批准的转基因抗虫棉品种已通过多种形式推广种植。新疆转基因抗虫棉种植比例,2020年据专家估计已经超过70%,在南疆、北疆、东疆都有很高比例的转基因抗虫棉种植。在转基因抗虫棉已成为新疆棉花生产常态的情况下,新疆棉花非转基因品种审定已成为中国棉花种业科技创新的最大障碍,也是形成种源"卡脖子"问题、制约优良品种的大面积推广、促进新疆棉花生产的重要因素。

2.棉花的生产

棉花是中国重要的经济作物。当前全国存在三大棉区:西北内陆棉区、黄河流域棉区和长江流域棉区,棉花的种植主要分布在新疆、山东、河北、安徽、河南、江苏、湖北等省区。每年棉花的种植面积在400万~600万公顷,占整个农作物播种面积的3%左右。棉花的商品率较高,高达95%以上,因此具有较高的经济效益。

在中国的西北内陆棉区,尤其是在新疆棉区,20世纪90年代以来,全新疆棉花的总产量、种植面积、单产、品质等都居于全国领先的位置。近年来,新疆棉花的总产量不断增长,占全国的比例不断提高。新疆地理、气候条件,植棉技术的发展程度以及相对先进的管理模式是形成棉花产业优势的重要原因。目前棉花已经成为新疆经济的支柱产业,棉花产值在全疆农业总产值中所占比重也越来越高,棉花在全疆农民收入中的占比较高,是农民收入的重要来源。同时,棉花生产属于劳动密集型农业,解决了大量农民就业。如新疆在棉花收获季节,每年需要大量的内地农民工。长江流域棉区和黄河流域棉区的棉花种

第3章 双循环背景下构建棉花产业新发展格局的报告

植面积则在缓慢下降。这种变化反映了中国棉花生产逐渐向优势区域转移,一些不适宜种植棉花的区域正在逐步退出棉花种植。

改革开放以前,我国棉花种植面积维持在500万公顷左右。1978年以后,棉花种植面积有了较快增长,1984年达到692万公顷的历史最高水平,1992年再次达到684万公顷。随后,棉花种植面积基本稳定在500万公顷上下。2012年以后棉花的种植面积处于下降态势,2016年的种植面积为320万公顷,处于较低水平,2020年为317万公顷(4755万亩)。中国棉花的种植面积每年波动较大,尤其是2012年以来,中国的棉花种植面积处于下滑的态势,2016年棉花种植面积更是出现大幅下滑。尤其是黄河、长江流域棉区减少较多。新疆、内地的棉花种植面积相差悬殊,棉花的价格、产量也相差较大。2020年新疆棉花种植面积250.19万公顷,占全国种植面积的78.89%。

1978年以来,中国棉花的单产出现较大幅度的提高。如1978年单产为445.3千克/公顷,到1984年上升到904千克/公顷,随后单产稳定在800千克/公顷左右。转基因抗虫棉开始在国内普及后,棉花单产出现大幅度的上升,1997年以后单产突破1000千克/公顷大关,2016年达到1671千克/公顷,2020年达到1865千克/公顷。新疆棉花的单产显著偏高,如2019年新疆棉花单产为每公顷1965千克,高于全国平均水平12.5%。

中国棉花单产不断提高的原因在于以下方面。①科技进步加快。科技进步对棉花生产的支持力度不断提升,棉花新品种数量大幅增长,且新品种的抗病性和品质有明显改进和提高。国育抗虫棉(Bt棉)完全替代美国品种,抗虫棉的种植节省了农药,保护了环境,减少了人工。棉花杂交品种的种植面积也不断扩大,提高了棉花的产量。育苗移栽、地膜覆盖和化学调控等棉花增产技术的采用也是中国棉花单产处于国际领先水平的关键。②发展统防统治,减轻病虫害。加强测报,实行统防统治,提高了种植水平,病虫害的防治效果显著提高。棉田除草剂应用扩大,减少了人工使用。大面积使用精加工包衣种子,出苗率提高。③种植标准化和规模化。棉花生产的规模化、集约化、机械化生产,是大幅度提高劳动生产率的关键。目前新疆是中国棉花的主要种植区,是棉花规模化生产水平最高的地区,基本实现了棉田统一播种、统一施肥管理、统一收获、统一加工销售,在生产建设兵团内部实现产业化经营模式。不仅大大提高棉花种植的劳动生产率,而且能有效降低各项成本,提高棉花质量。④推进棉花生产的机械化,包括耕地、播种、覆膜、病虫害防治、脱叶催熟、采收等环节,逐渐推广机械化生产模式。

1978年以来,中国棉花总产量有较大的提高,从1978年的217万吨快速上升到1984年的626万吨,随后有一定程度的下降,但一直到2000年,中国棉花产量稳定在400万吨左右。2000年以后,中国棉花产量又进入快速上升期,2007年达到历史最高的760万吨。近年棉花产量虽有波动,但维持在相对稳定的水平,在600万吨波动。中国棉花总产量已经持续多年世界第一,但2014年棉花产量下降到630万吨,被印度超过。2020年棉花总产量为591万吨,其中新疆棉花产量516万吨,占全国的比重为87.3%,棉花生产区位优势进一步提升。中国棉花产量的增长主要是因为单产的提高。棉花产量在年度间的波动较大。引起产量波动主要在于棉花种植面积的变化以及气候方面的原因。

表3-1 中国棉花的产量、单产、播种面积

年份	产量(万吨)	单产(千克/公顷)	播种面积(万公顷)	年份	产量(万吨)	单产(千克/公顷)	播种面积(万公顷)
1995	477	879	542	2008	723	1370	528
1996	420	890	472	2009	624	1390	448
1997	460	1025	449	2010	577	1322	437
1998	450	1009	446	2011	652	1441	452
1999	383	1028	373	2012	661	1516	436
2000	442	1093	404	2013	628	1509	416
2001	532	1107	481	2014	630	1508	418
2002	492	1175	418	2015	591	1565	377
2003	486	951	511	2016	534	1671	320
2004	632	1111	569	2017	565	1769	319
2005	571	1129	506	2018	610	1819	335
2006	753	1295	582	2019	589	1764	334
2007	760	1461	520	2020	591	1865	317

资料来源:中国统计数据库。

第3章 双循环背景下构建棉花产业新发展格局的报告

3.3.2 中游环节:棉花的加工[①]

棉花加工业包括棉机制造、棉花及副产品加工和精深加工。中国棉花加工的发展既有政策改革的推动,也伴随着科学与技术的进步,特别是随着棉花质检体制改革与目标价格改革的实施,中国的棉花加工进入信息化与数字化时代。

1.加工产能情况

根据中国纤维质量监测中心的数据,到2020年底,全国具备400型打包机及相应的棉包信息管理系统的新体制棉花加工企业为2486家,生产线为2800余条,年加工能力达到1415万吨,而中国近年棉花产量为600万吨左右,因此棉花加工能力出现明显产能过剩。这也导致大量加工企业不能正常开工,如2020年加工企业开工生产1043家。

2.棉花加工的标准化

棉花加工的标准化主要是通过制定棉花加工行业的标准体系,引领棉花产业的高质量发展。各项棉花加工标准的制定,力争与国际接轨,致力于中国棉花加工业的长远发展,提高棉花加工的技术水平,推广先进技术和加工工艺,从而实现棉花产业结构的战略调整。如2020年新发布实施9项行业标准:指导和规范了籽棉回潮率微波测量仪的设计、生产、检验和使用,为智能化籽棉收购及加工系统的开发提供技术支持,并对实现棉花加工自动化、精细化、智能化控制提供了技术支撑;规范了棉花加工智能控制系统的主要技术要求;规范了籽棉植物性杂质含量快速检测方法等。同时,促进中国与"一带一路"沿线产棉国进行棉花加工技术与标准体系的交流与对接,加强棉花加工领域国家标准外文版的发行。促进与"一带一路"沿线产棉国进行棉花包装材料的技术交流与标准体系的对接。

3.棉花加工机械的发展

随着棉纺织企业对棉花加工质量要求的不断提高,中国棉花加工设备及工艺也得到了一定的发展,棉花加工机械在智能化、自动化、大型化、精细化方面得到了一定的发展。当前,158片以下的锯齿轧花机已经基本被淘汰,山东天鹅棉机生产的MYZ215自适应锯齿轧花机,智能化程度高,产量大,采用

---

① 胡春雷,等.2020年棉花加工行业产业发展报告.中国棉花加工,2021(1):4—15.

215片锯片，可实现参数的在线精确自动调整。剥绒机也在向大型化、智能化方向发展，如实现喂籽量的自动调整，锯筒拆装的全程机械化、加工质量信息的实时采集等。

棉花收获机是棉花种植机械领域的关键、核心装备，也是中国棉花种植机械的短板行业。长期以来，约翰迪尔和凯斯纽荷兰采棉机在国内采棉机市场上占据主导位置。国产采棉机的制造工艺近年也逐步成熟，山东天鹅棉机研发了中国第一台自主知识产权的6行自走式打包棉花收获机，可实现田间连续不间断采摘作业，逐渐被市场认可。但国产采棉机目前以中低端产品为主，在动力传动性能、配置及可靠性指标方面，与发达国家相比仍有一定的差距，这也是当今中国采棉机的技术瓶颈和研发方向。

3.3.3 下游环节：棉花国内流通及进口

在棉花流通方面，中国已经基本建成了棉花现代仓储物流体系。形成了棉花贸易格局的多元化和贸易方式多样化；棉花大数据平台已经建立并得到充分应用；棉纺织企业转型升级加快，纺织技术进步明显。棉花质量检测已经实现了仪器化检验为主、感官检验为辅的检验方式，确立了监检分离的新型棉花质量管理体制。

1.棉花的国内流通

中国棉花流通市场集中度较低，中棉集团、中纺集团、新棉集团、银丰棉花、河南豫能等大型棉企具有较强的综合实力，其他中小型民营主体数量众多但竞争力普遍较弱，同时国际棉商凭借着先进的运营经验也在市场上扮演着重要的角色。目前国内棉花加工流通行业正逐步整合，行业竞争格局主要体现为：优势骨干企业在各自具有优势的地区或领域与中小型加工流通企业进行竞争，并在竞争中加速对其进行整合，同时不断完善自身的业务体系，以应对国际棉商进入国内市场所造成的跨国竞争，保障国内棉花加工流通企业的竞争力。中国棉花流通体制市场化改革以来，中国棉花加工流通行业的市场化程度迅速提升，市场参与主体类型不断丰富。总体来说，国内棉花流通行业参与主体主要包括以下几个。

（1）以全国棉花交易市场为代表的市场交易平台。全国棉花交易市场1998年成立，由中华全国供销合作总社承办。主要功能是组织交易、发现价格、规

第3章 双循环背景下构建棉花产业新发展格局的报告

避风险和传递信息,为涉棉企业提供交易结算、实物交收、仓储物流、贸易融资、信息咨询和人才培训等服务。在储备棉吞吐、商品棉交易、专业仓储服务、棉花融资服务等方面发挥了重要作用;其已经成为以中棉集团和系统骨干棉花企业为代表的购销主要渠道,在棉花收购、棉花加工、仓储物流、产业化经营方面发挥了市场主导作用。

(2)中国储备棉管理总公司。中国储备棉管理总公司于2003年成立,是经营管理国家储备棉的政策性中央企业,受国务院委托具体负责国家储备棉的经营管理,在国家宏观调控和监督管理下,执行国家棉花政策,落实国家对棉花市场的各项任务,确保国家储备棉存储安全、质量良好、调运通畅,完成国家下达的各项棉花市场调控任务,是国家棉花收储、抛储政策的实施主体。2016年中国储备棉管理总公司整体并入中国储备粮管理总公司,成为其全资子公司。

(3)全国性大型专业化棉花流通企业。全国性大型专业化棉花流通企业通常是指既有进口棉又有国产棉经营的企业,主要包括中棉集团、中纺集团等。该类企业的特点是在专业化、市场化经营的基础上,一定程度上承担着国家在棉花流通领域的调控职能。

(4)省级及省级以下供销社系统棉麻公司。在棉花加工流通体制改革的过程中,供销社系统及其改制设立的棉麻公司具有较丰富的行业经验、加工能力和稳定的棉花收购加工渠道,主要从事国产棉经营,如银丰棉花等。

(5)民营分散主体。在棉花加工流通体制改革的过程中,大量民营资本通过投资自建棉花加工厂、收购供销社系统改制企业等形式进入棉花加工流通行业。此类市场主体大多规模小、业务单一、竞争力弱,在市场行情不佳、收储政策取消的现状下,其生存压力正不断增加。

(6)国际棉商。近年来,部分国际棉商凭借成熟的经营理念及雄厚的资金实力进入了中国棉花市场,其经营受到了一定的政策限制,业务一般集中在皮棉流通领域,而不直接参与籽棉的收购与加工。

2. 中国棉花进口

加入WTO后,中国的棉花产业发展发生了巨大的变化。虽然中国也是棉花生产大国,但是以目前的情况来看,棉花的供应和需求之间仍存在较大的缺口,需要进口一定量的外国棉花来满足纺织品服装业生产的需要。中国是世界上最大的棉花进口国,棉花进口量呈上升的趋势,但棉花出口量非常小(见图3-1)。

中国棉花产业发展研究报告(2022年)

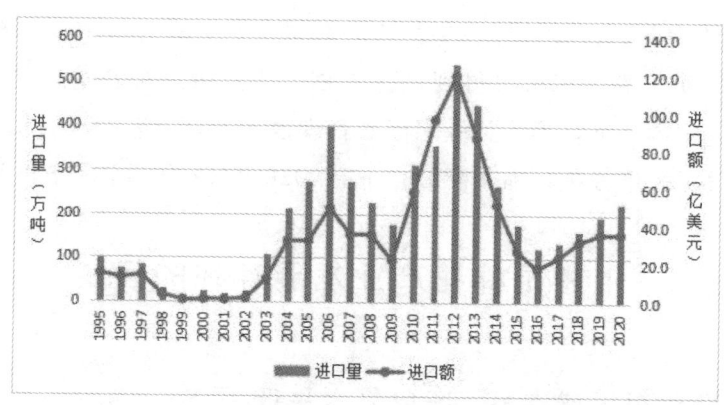

图 3-1 中国棉花进口额及进口数量的变化
(资料来源:联合国 comtrade 数据库)

2002年以前,棉花进口量较小,基本在100万吨以下,进口金额不超过20亿美元。从2003年开始,棉花进口出现较大增长。2006年进口量达到398万吨,进口金额为49.7亿美元。随后棉花进口出现一定程度的下降。但2009年后,棉花进口又一次出现较大增长,2012年中国棉花进口量达到历史最高的541万吨,进口额为120亿美元。2013年以后中国棉花进口迅速回落:2016年的进口量和进口额分别为124万吨和17.8亿美元;2020年棉花进口有所回升,进口量和进口额分别为223万吨和35.9亿美元。

2003—2012年棉花进口规模增长的主要原因,一方面是中国纺织业的迅速发展刺激了棉花的需求量;另一方面是加入WTO为中国棉花产业发展注入了新的活力,带动了中国棉花进口贸易的增长。进口贸易在中国棉花贸易中占有越来越重要的地位。2013年后棉花进口量大幅减少的主要原因是:国内经济总体下行,全球经济复苏缓慢,纺织品出口形势持续恶化,棉花需求量下降,而棉花供给相对充裕;2014年以来,中国对关税配额实施从严从紧政策,除入市承诺的89.4万吨1%关税配额外,不再增发其他形式配额;中国巨量的棉花库存亟待消化,国内棉花供应充足;国内外棉花差价从4000元以上下降到1000元左右,国内棉花现货价格以下跌为主,外棉价格优势持续减弱。

从2017年至今,中国棉花进口又出现了缓慢持续增长。主要原因是,尽管去库存是这几年的主基调,但中国棉花需求仍然保持了一定的增长。2020年以来新冠肺炎疫情的暴发,给全球棉纺织行业带来较大的风险和挑战。中国棉纺织企业依赖完备的产业链和先进的商业模式，很快复工复产，海外市场也逐步恢复，中国纺织品服装出口得到迅速发展。由此带来棉花消费需求的进一步上涨。因此，中国在进口棉花关税配额的管理政策方面，进一步放松了配额的发放数量，增发了滑准税进口棉花配额，并于2020年12月调低了滑准税的税率。

3.4 中国棉花产业发展存在的问题

3.4.1 产业组织成本高，产业化水平低

1.棉花生产成本不断提高

1999年以后，中国棉花产业在国际市场上的比较优势已逐步丧失，棉花产业处于劣势地位。不同棉区之间棉花生产存在较大差异。新疆棉花的生产效益相对较高，新疆棉区棉花单产水平比另外两个棉区高出约80%。而长江流域棉区和黄河流域棉区种植效益较低，随着农业结构的调整，植棉面积、产量均在逐年下降，棉花的种植逐渐向优势区域集中。当前仅湖北、河北、山东等省部分农户还保留着常年种植棉花的传统，而河南等部分内陆棉区的农民更乐意种植其他农作物。

国际上，中国的棉花生产成本始终高于美国的棉花生产成本，并且差距较大。从中美植棉成本看，新疆兵团种植成本是美棉种植成本的3倍多，其中人工成本为美棉种植成本的2.1倍，物化及机械等直接投入是美国的2.4倍，土地成本是美国的5倍。美棉从种植到收获可全程实现机械化生产，而中国在棉花种植方面仍处于半机械化时代。由于棉花种植比其他作物种植费工费时，所以需要的劳动力投入更大，且在相同收益下，农民更愿意选择机械化程度较高的作物种植（陈晓燕，2014）。近年来，中国棉花生产成本的增加非常明显：根据《全国农产品成本收益资料汇编》的数据，2004年棉花总成本为743.1元/亩，人工成本为354.78元/亩；2013年棉花总成本为2177.5元/亩，人工成本为1359.84元/亩；2019年棉花总成本为2260.36元/亩，人工成本为1071.74元/亩；可以看出，中国棉花总成本上升较快，人工成本经历了快速上升，但2018年以后出现了明显的下降。人工成本下降的主要原因是棉花生产机械化程度的明显提高。相比而言，美国、澳大利亚等国家的人工成本在减少，机械成本在

增加，但是总成本依然低于中国。

2021年9月下旬，全国籽棉收购均价为9.16元/千克，同比上涨47.9%；新疆籽棉收购均价为9.6元/千克，同比上涨54.7%。籽棉价格暴涨最直接的原因是种植收获成本的提高：地租、化肥和水费，三者在种植总成本里占比约50%。2021年化肥价格明显上升，土地流转费、水费也出现了一定程度的上涨，同时人工成本也延续了上涨趋势。

2.流通机制不畅导致流通成本高

加入WTO后，中国进一步深化了棉花流通体制改革，推进全国棉花市场建设，加强棉花行业服务。参与棉花收购加工的市场经营主体实现了多元化，2006年外商获批进入中国市场从事棉花流通业务。从2002年6月起，中国棉花价格指数通过中国棉花信息网正式对外发布，2002年12月全国棉花交易市场推出商品棉电子撮合交易。2003年9月，中国棉花协会正式成立。2004年6月，棉花期货在郑州商品交易所上市交易。2019年1月，棉花期权在郑州商品交易所上市交易。棉花行业服务不断创新和健全。

2011—2013年，中国实行棉花临时收储，国家收储价格远远高于国际市场价格，导致中国棉花产销脱节，国产棉花敞开收储以后大部分进入储备库，同时内外棉价格差进一步加大，棉花进口也大量增长，2012年棉花进口量达到了541万吨。这也导致了中国棉花库存居高不下。2014年以后国家取消棉花临时收储政策，在新疆实行目标价格补贴，并加强了对棉花加工和流通的监管和服务。进一步完善棉花的价格形成机制，轧花厂在收购农民籽棉进行加工后，直接向纺织企业等销售棉花，缩短了棉花流通环节。国内棉花价格逐步与国际接轨，价格的形成主要受市场供需的影响，推动了产销对接，促进了产业升级。2013年11月至2015年1月，棉花价格（3128B）从每吨19676元下降到每吨13538元，2016年3月为每吨11884元，与进口棉花到岸税后价相当。

与此同时，由于国内棉花库存高企，2015年国家启动储备棉轮出，2016年5月至9月和2017年3月至9月，两次启动储备棉去库存，总挂拍量737万吨，总成交量近590万吨。棉花库存逐年降低，2020年中国棉花期末库存为814.7万吨，库存消费比（0.967）仍然处于偏高水平。随着中国纺织产业技术升级，以及疫情发生以来纺织企业订单大幅度增长，服装、口罩等防护用品等出口显著增长。中国棉花需求呈现较快增长，棉花产需缺口加大。

3.加工企业经营风险大

中国棉花加工能力明显过剩:截至2020年,包含新疆维吾尔自治区与新疆生产建设兵团在内,全国具备400型打包机及相应的棉包信息管理系统的新体制棉花加工企业约有2486家,合计2800条生产线。年加工能力为1415万吨,而中国棉花的年产量仅600万吨左右,加工能力明显过剩。整个轧花厂加工流程包括:籽棉装运;散状籽棉喂料机;重杂物清理;籽棉卸料;棉花异性纤维清理;籽棉烘干;籽棉清铃;回收式籽棉清理,皮棉加湿,液压打包等;其硬件设施投入大,民营轧花厂投入在1700万～2000万元,而新疆生产建设兵团万吨产能的轧花厂投入接近5000万元。在整体产能过剩的局面下,保证开机率和有效的折旧摊销成为轧花厂经营的主要方面。轧花厂一般是集中收购、全年销售,每一年度的收购情况对全年市场运行产生较大影响。近年来新疆机采棉比例大幅增加,采收集中在更短时间内。在棉花加工能力严重过剩的情况下,加工企业往往会争抢收购,导致收购秩序混乱、棉花质量下降等问题,棉花加工企业经营风险较大。

3.4.2 产业链部分关键环节存在一定的短板

1.棉花新品种的培育方面

经过中国棉花科研育种和大型棉种企业多年的努力,国产转基因抗虫棉已经占国内转基因抗虫棉95%以上的市场份额。中国在转基因抗虫杂交棉尤其在三系杂交棉、短季棉等研究领域已经达到世界领先水平,转基因抗虫棉育种技术也居于世界先进水平。但当前中国西北内陆棉区转基因棉种市场还没有放开,使西北内陆棉区与内地黄河棉区、长江棉区在转基因高新技术应用方面发展不同步。

近10年来,新疆新审定的棉花新品种140多个,但是在众多的品种中缺少对生产贡献大、有突破的主栽品种。目前种业市场纤维类型以适纺30~40支中低支纱的品种为主,缺少适纺60支和120支以上中、高支纱的品种。长期以来因不能体现优质优价而形成的纤维类型单一的品种品质结构,已远不能满足当前纺织市场对多纤维类型产品的需求。加强优质棉新品种种质创新和品种选育成为"十四五"棉花种业科技创新的一个重要方向。新疆盐碱、旱地已经成为新疆棉花生产进一步提质增效的重要制约因素,因此,加强棉花抗旱、耐盐碱棉花种质资源创新与新品种选育应用,是解决目前中国棉花生产尤其新疆棉花科研生产再迈新台阶的"卡脖子"技术。

近年来,棉花种业全球化竞争态势加剧,国际种业巨头前十强全部进入中国,凭借强大的资本优势和高新技术纷纷抢占中国种业市场,尤其是近几年外资进入国内的模式不断创新,充分发挥其技术优势、资源优势和育种商业化模式优势,加速了抢占国内技术、资源和市场的步伐。

2.采棉机的生产制造方面

近年来由于人工紧缺,新疆棉花采摘逐步实现机械化,截至2020年末,新疆(含兵团)棉花机采率达到75.5%,采棉机保有量5860台,广泛推行了棉花机采跨区作业。采棉机行业属于农业机械领域中的技术密集型行业,行业技术壁垒较高。

目前国内的高端采棉机基本上被国外企业约翰迪尔和凯斯垄断,而前者市场占有率和保有量又大幅领先。据不完全统计,目前约翰迪尔在新疆市场的采棉机保有量超过3000台。在高端采棉机生产方面,国内采棉机品牌尚不成熟。但是,随着近年来国内农机企业实力的不断增强,已经有不少企业进入采棉机领域并取得突破。2019年以来,以湖州星光、常州东风、钵施然、铁建重工、天鹅股份为代表的本土采棉机生产企业快速发展,另外还有100余家整地、播种、植保、残膜回收机械生产相关企业,农机化新技术新装备加速推广应用。中国农机院在2020年创新推出了4MY-6型圆包式采棉机,可实现棉花采摘、输送、集棉、打包、裹包,以及不停车卸包联合作业,提高了棉花储存的安全性,降低了转运成本。2021年中国农机院又推出了新型智能采棉机产品——4MZ-3A/3B型自走式智能采棉机,该机采用智能化控制,全程故障预警,一键卸棉。星光农机研发的4MZ-3型棉花收获机已形成批量销售,在国内采棉机品牌中销量排名第二。相比国外品牌,国产采棉机性价比优势较为明显,根据农机购置补贴系统数据,凭借价格优势,2020年国产采棉机销售量达到1215台,实现销售额超17.7亿元,占据84%的市场份额。

尽管如此,国产采棉机在部分关键技术和关键零部件方面仍然依赖国际市场,尚没有实现整车零件的国产化。如采棉机的采棉头制造技术、采棉头动态检测系统、自动对行控制技术、采棉机自动化控制系统等方面都存在技术短板,依赖进口。

第3章 双循环背景下构建棉花产业新发展格局的报告

3. 高品质棉花产量严重不足

当前国产高品质棉花数量较少。根据2014—2019年度6年的全国平均值：高品质棉花占产量的比例为20.72%（据中国公证检验网的数据）；棉花产量为586.5万吨（据国家统计局的数据）；纱产量为1878万吨、用棉比为36%（据中国棉纺织行业协会的数据）。据此测算出，高品质棉需求量和产量分别是270万吨和122万吨，高品质棉花产量仅能满足纺织需求量的45%左右，缺口达55%。另外据中国公证检验网公布的数据统计分析，2018年度之后，新疆棉花质量（除轧工质量指标外）和高品质棉花占比开始整体下降。2020年度在全疆棉花质量整体下降中，兵团棉花质量下降较为突出，失去了原有的质量优势。2020年度棉花采摘、收购季节，部分棉农机采时存在人为喷水或者掺土等现象。

3.4.3 产品结构与产品品质不优

1. 棉花品种多

目前中国棉花种植多为一家一户的分散化种植，农户数量多，未能形成规模化、品种区域化种植。棉花种植的品种数量多、品种"乱杂"问题突出，不仅影响棉花的产量、品质，而且不利于规模化种植和新技术的推广应用。棉花育种存在"重审定、轻育种，重品种、轻繁育"现象。2017年黄河流域棉区推广面积超过10万亩的棉花品种有17个。长江流域棉区2017年推广面积超过10万亩的棉花品种有9个。新疆推广面积5万亩以上的主导品种有46个。可以看出，棉花品种数量过多，单一品种种植面积小，导致了棉花品质的不稳定。

2. 棉花品质较差

国产棉花品质方面，一直存在异性纤维含量高、品质一致性差等问题。国产棉花的异性纤维含量明显高于美棉和澳棉。从生产实际看，用进口优质棉花生产的布面，基本上是优等品，而用国产棉花生产的基本上是排在其后的一等品。除此之外，国产棉花品质一致性较差，同一包棉花内的品质有较大差异；棉包组批时由不同品质棉包组成造成的整批棉花品质差异较大。国产棉花品质难以满足日益增长的纺织需求，棉花生产、加工与纺织企业等环节也缺乏统一的标准，导致整体的质量和可纺性不足。

3. 难以实现清洁生产

中国棉花的生产成本高、收益与产业化水平低。由于棉花生长周期长，劳动强度大,种植投入多,仍以农户个体经营的小生产模式为主,生产标准化程度低,产品档次低,植棉机械化水平低,阻碍规模化和机械化生产进程,进一步增加了植棉的生产成本。由于过多地使用化肥,污染十分严重;病虫害种类多,棉花防治效果差,致使苗病、枯萎病、黄萎病、烂铃病、蚜虫、棉铃虫、盲椿象等病虫害时有发生,致使棉花适纺品质偏低,清洁生产难以实现。目前棉花种植没有找到替代地膜覆盖的新技术,机采时容易吸入地膜、难以清除,人工手摘棉花也很容易混入头发、化纤丝、动物毛等异性纤维;机采棉综合农艺技术不配套,特别是集中成熟性差,机采棉采收品质下降明显;部分棉农为了利益,在采收过程中进行夜采甚至掺水掺土、混杂增重。这些情况的存在也导致了中国棉花难以实现清洁化生产,棉花中的毛发、地膜碎片等较多,大部分达不到纺织企业要求的异性纤维含量标准,对成纱质量影响较大。

3.4.4 产业上中下游相对独立,各环节合作机制有待加强

1.棉花产业链条松散,产、供、销不对接现象普遍

中国棉花产业上中下游各自为政,为追求自身利益的最大化致使产业链条松散,产、供、销不对接现象较为普遍,这无形中增加了涉棉主体的外部性成本。中国棉花初加工企业(轧花厂)一般同时兼营棉花的收购,而棉花的深加工企业为各类棉纺织加工企业,其属于轧花厂的下游企业。轧花厂与棉纺织企业之间的关系相对独立,分属不同的领域,轧花厂可根据自身盈亏调整收购价格,不能及时有效地根据纺织企业的生产需求来制定标准。由于中国棉花专业合作组织和协会系统的不完善以及棉农组织化程度低,分散的小农种植户无法得到预期收益。中国棉花产业链中各主体并没有建立长期有效的耦合机制。在产业链中,信息共享并未得到很好的实现,忽略了产业链的整体性。

2.棉花产业链各环节合作机制有待加强

棉花产业链各环节创造的利益是不均等的,各主体间利益分配也不尽合理。上游的棉农植棉收益比较有限,植棉积极性不高;轧花厂所获得的附加值占据了产业链较大的比重;纺织加工企业成本高,又面临较大的市场风险,利润也比较微薄。棉花产业链各主体利益分配的不均衡也导致中间的流通成本居高不下,棉花产业链效率低下。在市场倒逼机制作用下,棉花上下游也尝试开展一定程度的合作,有的是棉花种植大户开始向棉花加工环节延伸;有的是棉

花加工流通企业向上游种植或下游纺织环节延伸;有的是大型优势棉纺织企业,向中游棉花加工收购环节延伸,根据订单要求,指导加工企业优化棉花加工质量。有的则是采取农业合作社模式,产业链各环节参与,实现产业链一体化经营。但这些合作模式目前并没有在全国大范围推广,还仅处于初级发展阶段。

3.5 棉花产业双循环发展的内涵与实施路径

从资源和市场出发,内循环指的是使用国内资源进行生产,向国内市场提供产品和服务;外循环指的是使用国外资源进行生产,向国外市场提供产品和服务[①]。由此可见,内循环涉及国内民生,包含供给端的本土企业生产和投资,以及需求端的消费、福利和就业;外循环涉及全球产业链,包含对外贸易和吸收外资、对外投资[②]。双循环战略离不开农业的参与,因为农业是国民经济的基础,发挥着重要的"压舱石"作用。中国农业除向社会供给食物和工业原材料外,还具备为约5.5亿农村人口提供就业岗位和维持生计的重要功能。可以说,没有农业的稳定,就没有全国的稳定;没有农业的现代化,就没有国民经济的现代化。

3.5.1 畅通国内大循环:棉花产业提质升级

1.棉花产业内循环的内涵

棉花产业内循环是整个棉花产业进行的国内大循环。首先,内循环的前提条件是棉花产业所包含的棉花的育种、生产、流通、加工、贸易等环节畅通无阻;打通生产、分配、流通、消费各个环节,拉动内需,培育壮大国内市场;棉花产业上下游、产供销、大中小企业协同发展;整个国内棉花的产业、市场以及经济流畅循环。

在此基础上,整个棉花产业链及产业能够掌握产业核心技术,有独立创新发展能力。保障棉花产业链集群发展,降低棉花产业运营风险和成本,打造出棉花产业的发展优势。深化棉花产业供给侧改革,提高国内棉花产业相关产品

---

① 江小涓,孟丽君.更高水平外循环:中国与世界新纽带[J].经济导刊,2021(3):19—25.
② 谢世清,李怡然.美国"双循环"实践及其对中国的启示[J].国际贸易,2021(8):4—12,19.

需求规模、质量以及多样性，构造出更加完善且更高质量的棉花产业供给体系。最后，再结合中国具有超大规模和多样性需求的国内消费市场，充分发掘棉花产业内需潜力，形成棉花产业国内大循环。

2.棉花产业内循环的实施路径

（1）提高棉花生产环节的保障水平

棉花生产环节是棉花产业循环的起点，并在一定程度上决定着后面的分配、流通、消费环节。当前，提高棉花生产水平、保障生产环节畅通运行的重要条件是，稳定棉花种植面积，提高棉花生产技术，实现关键核心技术自主供给，增强技术创新。

一是要稳定棉花种植面积，提高单位产量。棉花产业是农业极为重要的组成部分，中国大部分优质棉花种植地集中在新疆地区，黄河流域棉区和长江流域棉区的棉花种植规模大幅度减小，西北内陆棉区的棉花种植区域优势逐渐凸显。当前棉花种植面积出现了较大的下滑，想通过扩大棉花种植面积以提高棉花产量十分困难。从单产水平上看，中国棉花单位面积产量一直在持续增长，但是增产技术的提高也遭遇了瓶颈。中国棉花单产水平在20世纪80年代初期快速提升。之后农业技术推广和化肥、农药大量使用，使棉花单产在2000年前后迎来了第二次跃升。当前在较高单产水平上进一步突破新品种、新技术的难度越来越大，想在短期内大幅提高单产水平非常困难。因此，通过制定棉花产业支持政策，使棉花种植面积不出现大幅度下滑，促进棉花产业提质升级尤为关键。

二是建立统一的棉花生产加工标准化体系，提高生产效率。棉花产业想要提高效益，应该加大对基础设施的建设，建立一个统一的体系，从各个方面对棉花进行管理，包括对棉花品种质量的监控、对棉花生产加工的监控以及对棉花生长环境的监控等。棉花的生产、加工构建成一套完整的体系有利于合理配置资源，实行集中生产、集中加工，这样可以解决棉花的异性纤维过高的困扰，提高棉花的品质。同时，优化棉花目标价格补贴政策，加大棉花节水滴灌技术推广力度，确保逐年扩大棉田节水灌溉面积，推广棉花的机械化种植与采收，实现棉花产业可持续发展。棉花的质量、产量都会提高，棉农也会因此取得更高的经济效益。

三是优化棉花品种结构，提高棉花品质。进一步加强棉花品种管理：加强高产、抗病、高品质棉花新品种的培育，持续提高中国棉花育种水平。修订棉

第3章 双循环背景下构建棉花产业新发展格局的报告

花审定标准,加快突破性品种审定推广,满足种植和纺织的新需求;按照申报标准全面核查已审定品种,对于不达标品种进行全面清理,大幅度减少新审定品种的数量;建立符合棉花产业发展方向的现代化种子产业体系。以种子企业为主体,以基础研究与商业化育种相结合的科技创新机制为支撑,建立创新能力、服务能力、竞争能力强的棉花种业体系,逐步形成"产、学、研、用"一体化的种业集团,培育和壮大育种龙头企业,探索出一种育繁推一体化、产学研密切结合的适宜中国棉花产业发展的种业发展模式。

(2)畅通棉花流通环节,提高流通效率

流通环节是有效衔接从生产到消费各环节的"大动脉",是畅通棉花产业内部循环的重要基础。提高棉花流通环节的效率,建立高效的流通体系,能够在更大范围内把棉花生产和消费联系起来,扩大交易范围,推动分工深化,提高生产效率。

一是构建棉花现代物流网络。当前中国的棉花物流行业标准还未与国际接轨,棉花物流未实现国家标准规定的集装箱包装运输,因运输工具不规范,有可能导致在运输过程中出现棉花破包和污染的现象。当前中国商品流通领域的新技术、新业态与新模式不断涌现,但中国棉花流通体系的现代化程度仍然不高,流通的中间环节仍然过多,还存在不少断点、堵点。要加快实现棉花现代流通体系建设,优化综合运输通道布局,加快形成内外联通、安全高效的物流网络,推进数字化、智能化改造和跨界融合,增强对棉花产业发展的支撑能力。

二是加快棉花集散中心建设。中国国产棉花物流的流向基本为从西向东,进口棉花的流向为从东向西。因此,有必要选择重要的交通节点城市(如西安、郑州、青岛、上海等),建设全国性的棉花集散中心或进口棉集散中心。依托棉花集散中心,从东西两个方向构建覆盖全国的棉花现代物流网络。创新棉花多式联运模式(公铁联运、水铁联运等),构建出疆棉花以及进口棉的快速物流通道,以区域性棉花物流园区带动周边物流企业,形成覆盖全国主要用棉区的物流网络。

三是优化棉花储备管理制度。2003年3月中国储备棉管理总公司成立。2011年度、2012年度、2013年度国家进行了棉花临时收储。2014年后,国家完善棉花价格形成机制,在全国取消了棉花临时收储。2016年11月中国储备棉管理总公司整体并入中国储备粮管理总公司,进行机构改革。2019年11月国家粮食和物资储备局与财政部发布公告启动棉花专项储备收储新机制。中国棉花储备政策及轮入轮出机制对于平衡国内棉花市场供求、防止棉花价格过度波动起到积极的作用。应进一步完善储备棉轮入轮出机制，实现储备棉轮入轮出的常态化。考虑到传递效应的滞后性，应合理确定储备棉轮入轮出的实施节奏。同时，遵循市场规律，合理发挥调控机制，根据市场反应对出现的问题及时进行调整，保持储备棉常态轮换的稳定性。

四是提升棉花数字化水平。实施棉花检测、包装、运输等的标准化，加快全国棉花标准信息库建设，推动棉花物流标准的认证、咨询、推广、实施等配套工作。中国当前已经建成了覆盖全国棉花产区的公证检验技术网络，拥有设备和管理水平先进的棉花质量检测实验室，检验能力居世界前列。下一步应该致力于加快信息技术在棉花产业的研发和应用，提高棉花数字化水平，建立可追溯体系，通过数字化追溯，实现棉花全产业链的高质量和可持续发展。

(3) 优化产品结构，适应消费升级和变革新趋势

消费环节是棉花产业循环的终点，棉花生产需要适应消费的新变化。

中国棉花的消费需求主要由纺织工业用棉、军需民用絮棉及其损耗与其他用棉三部分组成。其中，纺织工业用棉是中国主要的棉花消费需求。加入WTO以后，中国纺织服装工业迅速发展，纺织用棉量大幅度增加，进一步刺激了中国棉花消费需求。中国纺织品和服装国内市场需求增加与贸易出口的快速增长均拉动了国内棉花的消费需求，并逐渐成为推动中国棉花消费的主导因素。新冠肺炎疫情发生以来，纺织订单大量向中国转移，纺织企业用棉需求也出现较大增长。

中国棉花消费市场潜力巨大，但近几年纺织企业棉花消费出现一些新的变化：一是非棉纤维对棉花的替代；二是纱线进口对棉花消费的影响；三是人工成本攀升导致棉纺织产业向东南亚转移加速；四是国内对高品质棉花的消费需求增加。近年来棉纺织行业产品结构升级和变革加快，开始向高端化、多样化、功能化方向发展。棉花生产需要适应消费升级和变革新趋势，推动生产环节更好地适应消费需求的新变化，优化产品结构，增加高品质棉花的供给，满足人民群众日益增长的美好生活需要。

(4) 加强棉花全产业链建设，促进产业提质增效

产业链、供应链稳定性和竞争力直接影响生产环节，对畅通棉花内部循环

第3章 双循环背景下构建棉花产业新发展格局的报告

有重大意义。近年来,中国棉花国内生产成本偏高,流通机制不畅导致流通成本偏高,产业链部分关键环节(如育种、棉机生产等)还存在一定的短板。棉花产品的品质、适纺性等方面不能完全满足纺织行业的需求,与美棉及澳棉相比仍有一定的差距。中国棉花产业存在产业链结构不稳定、组织化程度低、产业链条松散、产业合作不足等问题。因此,要加强棉花产业链建设,形成棉花产业链一体化的体系,发挥棉花产业的规模经济效应。加强棉花全产业链建设,必须建立现代化的棉花产业体系。

一是充分发挥中国棉花协会和各级棉花合作社的作用,把分散的棉农组织起来,统一品种的选用及田间的管理,采用现代生产技术,发挥规模经济效应。

二是做大做强棉花流通龙头企业,对部分国有控股公司进行股权制改造,鼓励其建立现代企业制度,发挥棉花流通龙头企业在棉花产业链中的主导作用。

三是搭建产加销对接平台,鼓励纺织企业、加工企业与棉农合作社、棉农建立各种产销联结机制,发展订单式农业和股份合作农业,建立由市场需求指导和推进生产发展的新型产业发展模式。

3.5.2 棉花产业的外循环:优化棉花对外开放

1.棉花产业外循环的内涵

全球产业链相互影响,棉花产业链应以开放促发展,坚定不移对外开放,稳定产业链发展,构建棉花产业外循环发展体系。棉花产业"双循环"新发展格局并不是单一的循环,是国内国际双循环相互促进的关系。首先,棉花产业外循环是在棉花产业内循环的基础上的发展。棉花产业内循环中增加的棉花产品需求多样性一方面提高了国内供给能力;另一方面也增加了棉花进口需求,由此推动棉花产业外循环。内循环提高棉花产品需求质量与多样性,棉花产品市场将持续更新循环下去,促进棉花产业外循环不断优化。其次,棉花产业外循环为内循环更进一步发展提供动力与支持。一方面,外循环过程中的先进技术与经验将通过学习效应等提高内循环质量;另一方面,国际大循环可以扩大棉花产业国内投资规模,促进内循环发展。

党的十九届五中全会提出加快构建以国内大循环为主体、国内国际双循环相互促进的新发展格局,是中国发展方式的重大创新,也是培育中国竞争新优势的主动作为。在"双循环"新发展格局下,要保障国家棉花产业安全,坚持

"以我为主、立足国内、确保产能、适度进口、科技支撑"的战略方针。要把棉花生产、流通和纺织产业用棉关联起来形成良性循环，提升中国棉花供给体系的创新力和协同性，构建棉花产业发展新格局。棉花产业各方都要适应机采棉快速发展的新趋势和纺织企业转型升级对高品质棉花需求增加的新要求，从育种、种植、收购、加工、检验，到贸易、纺织等都要在技术上、管理上进行调整或创新，共同解决产业链上各种难点、痛点和风险点问题，打通堵点，畅通棉花生产、流通和消费各环节，促进棉花产业良性循环发展。在充分发挥市场在资源配置中的决定性作用的同时，要更好发挥政府作用，通过建立棉花质量共治机制等一系列监管创新，保证公平的棉花市场环境，为中国棉花产业高质量发展保驾护航。

2.棉花产业外循环发展的路径

近年来，世界的棉花市场竞争格局较为稳定，中国、印度、美国分别占据棉花产量的前三位。但是2021年初，欧盟，美国、加拿大、澳大利亚等西方国家和国际组织联合发出声明，借口所谓新疆人权问题，作出单边对华制裁决定，这说明"五眼联盟"在对华施压下，态度高度一致。国际社会一边说中国新疆存在"强迫农民"的行为，一边说将永远不会使用新疆的棉花。在这一背景之下，优化棉花的对外开放布局显得尤为重要。

(1)优化进口结构，多元化进口来源

虽然中国的棉花产业离不开外循环，但棉花进口过于集中，容易使外循环反客为主，反过来制约中国棉花产业的发展。因此，有必要进一步优化棉花的进出口结构，多元化棉花进口来源。国家有关部门应对国内用棉企业进行引导和调控，避免企业为追求利润而在集体层面造成集中采购某一品种或某一地区棉花的行为。只有做到在国际贸易中"以我为主"，才能真正使外循环服务于内循环，既起到赋能内循环发展的作用，又不至于威胁内循环的核心地位，形成有利于中国发展现实的棉花双循环格局。

一是保持适度有序进口，降低棉花进口波动幅度。适度有序进口对保障国内棉花市场供应、稳定国内市场价格起到积极作用。根据棉花产业发展和需求的情况，把握和控制棉花进口的合理规模。如尽可能清晰地估算国内棉花供需状况，有针对性地确定进口数量，制定相关贸易政策来减小棉花进口波动。促进供需平衡，从而降低进口波动的幅度。

第3章　双循环背景下构建棉花产业新发展格局的报告

二是保持一定水平的棉纱进口。由于中国对棉花进口实施关税配额管理，棉花的进口数量受国家政策的管制。棉纱进口则不受配额的影响，且进口关税水平较低。因此，棉纱进口在一定程度上替代了棉花的进口，而且进口棉纱具有一定的价格优势。棉纱作为棉纺织行业的中间产品，在中国的生产不具有比较优势。而"一带一路"沿线国家中，巴基斯坦、乌兹别克斯坦、土库曼斯坦、印度、埃及等国家则具有较强的竞争优势。中国可以保持同这些国家的棉纱进口贸易，充分利用国际棉纱生产能力，发展加工贸易，深度参与国际分工和全球产业链。

三是实施进口的多元化，扩大从"一带一路"沿线国家及非洲的进口水平。中国棉花进口市场集中度一直非常高，主要集中在美国、印度、澳大利亚等国家，这些国家都是世界的主要棉花产地及出口国，且多数年份中国对以上国家的总体进口比重超过了70%。部分国家甚至在世界贸易中占有垄断地位，并且掌握着国际棉花市场的定价权。较高的进口市场集中度会加剧中国棉花进口的依赖程度。有必要引导进口企业开拓多元化的进口来源市场，积极开拓"一带一路"沿线及非洲国家市场，提高这些国家的进口比重，从而减少主要进口来源国因政治因素、各国产业政策或突发事件造成的危害。

四是增加涉外农业企业棉花进口配额额度。目前中国对外农业直接投资企业自产的棉花、粮食等商品，因配额原因回运国内市场难度较大，建议适应中国棉花产业"走出去"的战略需要，鼓励企业将棉花返销国内，给境外投资企业一定数量的配额。对棉花进口关税配额体制、国营贸易体制及外汇管理体制等涉棉政策进行全面改革。用于自产农产品回运。从而在政策上支持中国农业企业"走出去"。

（2）鼓励涉棉企业加快"走出去"步伐

棉花的外循环，本质上是在全球集成资源，以补充国内棉花的缺口。随着国内市场对棉花需求的不断提高，中国棉花加工企业应加快"走出去"步伐，加大在全球配置资源的力度。外向集成棉花资源除能缓解国内资源约束外，还有三方面益处。一是可以提高资本收益率。经过几十年的发展，资本已成为中国相对富余的要素，将资本配置到国外有利于提高资本收益率。二是可以避免棉花进口来源过于单一。中国可以缩小棉花贸易逆差，避免进口过于集中，被其他国家"牵着鼻子走"。三是有利于扩大国际影响。在发展中国家投资棉花产业，不仅可以为当地创造就业机会，推动当地经济发展，同时还能宣传中国的正面形象，扩大国际影响力。

推动涉棉企业的对外直接投资。当前中国纺织行业存在市场需求饱和，潜在市场开发不够、产能过剩的情况。因此，努力开发全球市场，转移过剩的产能成为棉纺织企业转型升级的必由之路。大型棉纺织企业、棉花加工企业等是对外直接投资的主体，应该充分发挥这些大型企业的主导作用。鼓励大型跨国企业加大对越南、孟加拉、印度尼西亚、土耳其等国的棉纺织行业和棉花加工行业的对外直接投资，充分利用当地优势生产要素，努力占领中高端市场。

鼓励企业在海外进行全产业链布局。当前，中国棉花产业对外直接投资还处于初级阶段，投资形式单一，缺乏全球化的视野和国际化的经营能力，缺乏国际化的人才。鼓励企业在海外布局全产业链，在棉花加工、仓储、物流、棉纺织等产业链纵深环节加快布局，充分利用国际市场，整合全球资源，向棉花产业链的两端延伸。通过跨国并购或者绿地投资的模式，实行垂直一体化发展，从而推动企业快速发展。

提高投资水平和层次。引导和支持企业创出一批有国际竞争力的特色品牌，在境外申请品牌注册和卫生注册，并获得国际质量、环保认证。鼓励企业以品牌和质量开拓国际市场，树立良好形象，从而扩大中国涉棉企业的知名度。同时制订发展战略规划，对国际市场进行深入调研，了解国外的政治环境、经济状况、社会文化环境以及技术环境，从而确定选择投资区域和投资的项目。

（3）积极参与国际贸易规则与标准的制定

国际贸易规则如何制定，对中国棉花进出口和中国棉花加工企业利用国外资源都有深远影响。要创造良好的国际发展环境，使外循环更好地服务于内循环，中国需要更积极地参与到国际贸易规则制定中，以争取更大的国际市场话语权。要主动开展区域和双边贸易谈判，积极参与国际规则的讨论和制定，争取更大的农业补贴空间。通过签订稳定国家协定和长期合约等方式，保障棉花进口安全。此外，还需要拓展国际贸易领域的关注范围，充分参与促进建立更加公平合理的国际贸易规则、反对棉花出口限制、建立地区和国家间协作机制等议题，积极争取有利的贸易制度环境。

积极促进国际棉花标准的交流与互认。当前并没有统一的国际棉花标准，标准不同，不仅容易造成品质上的不一致，还会增加进口通关环节的检验成本。

第 3 章 双循环背景下构建棉花产业新发展格局的报告

美国棉花标准事实上已经成为国际上的棉花通用标准,在棉花国际贸易中,成为确定棉花质量的基准条件和仲裁的主要依据。经过多年发展,中国棉花标准体系也日益完善,棉花的质量检测与认证也逐步与国际接轨,在棉花生产、流通及消费领域发挥了重要的作用。在中国棉花产业逐步融入经济全球化的大背景下,应致力于扩大中国棉花标准的影响力与使用范围。同时,积极促进与国际标准的交流与互认,通过大量的国内外标准间的交流与合作,为建立一套符合国际规则的标准机制、逐步参与国际标准与规则的制定、提升标准的话语权打下基础。

3.6 棉花产业双循环发展的政策建议

在经济全球化深入发展与价值链分工越来越细化的背景下,中国已经深度融入国际分工体系。棉花产业的国内循环与国际循环也应该是相辅相成、不可分割的。内循环的发展离不开国际产业链、供应链的协同配合,产业技术进步也离不开参与国际合作和竞争。构建棉花产业发展的新格局,既要畅通国内循环,也要坚持开放的国内国际双循环,更加紧密地同世界经济联系互动。

3.6.1 深化供给侧结构性改革,提升产业链现代化水平

面对新冠肺炎疫情等"黑天鹅"事件的突发冲击,中国经济能够快速恢复增长状态的原因之一即中国坚持实行的供给侧结构性改革。虽然中国的供给侧改革已取得不少成效,但中国供给侧改革仍需继续深化。新发展格局的构建关键在于产业链经济循环的畅通。这就意味着必须坚持深化供给侧结构性改革。中国棉花产业从供给角度来看,中高等级棉供给不足,低等级棉供给过剩,需要进一步优化供给结构,增加有效和高端供给,改善供给以适应现有的需求现状,提高供给创造新需求能力。并且进入世界产业链的高端的前提是必须拥有自己的核心技术,关键技术若只能靠进口,容易被"卡脖子",导致整个供应链循环受阻,进而造成整个棉花产业经济循环受阻,造成严重的经济损失。

因此,棉花产业要针对供给方面存在的问题,进一步深化供给侧改革,提升供给系统的强度及敏感度,优化产业结构,进一步提升棉花产业生产要素供给质量与配置水平,充分发挥集中力量办大事的制度优势与中国超大市场规模

的市场优势，促进棉花产业基础高级化，加速产业链现代化。面对中国棉花产业来自供给数量增长与质量提升的双重压力，具体建议如下。首先，应强化棉花产业基础保证棉花供给，进一步加强棉花生产能力，引导棉花产业向优势生产区域集中，加大适宜棉花生产地区的支持力度，提高棉花供给数量。其次，提高棉花品质，追求棉花可纺性，增加有效及中高端供给，加快推进棉花规模化种植、标准化生产，推动棉花科技成果转化利用；推动棉花产业创新，提升棉花产业科技创新水平，提高产出效率，推进棉花产业机制创新，发展新型棉花生产经营主体和服务主体，适度规模经营，降低物质投入；建设棉花全产业链基地，以提升棉花产业中高端供给为目标，发挥中高端棉花产业链示范作用，加强棉花从生产到纺织等产业链的技术集成，探索更高效的产销对接方式；加强企业监管，稳定棉花产业秩序，建立严格的市场督查和问责制度，健全棉花质量问题追溯机制，完善棉花加工企业信用评价体系等，从严监管，从重处罚；保护自然环境，高效利用农业资源，合理规划棉花生产规模，生态脆弱区坚决退出棉花生产，加大生态保护地区监管力度。

3.6.2 实施创新驱动，营造良好的产业生态环境

面对国内外环境的变化，棉花产业提升自身自立自强、科技创新能力是保证其发展与安全以及构建新发展格局的战略支撑。党的十九大报告强调，创新是引领发展的第一动力。棉花产业实施创新驱动战略，对于稳定产业经济增长、降低棉花产业全球价值链、供应链风险具有重要意义。中国棉花产业高品质欠缺问题严重，严重影响行业竞争力。因此，棉花产业实施创新驱动战略，对于棉花产业扩大有效高端供给、降低生产成本、促进品牌建设、占据全球产业链高端具有重要意义。

创新是促进产业进一步发展的重要因素。首先是制度方面的创新，制度创新是创新的前提。政府可以建立如土地入股、土地托管、土地互换等多种形式的土地流转长效机制，鼓励发展适度规模经营，为棉花产业集约化、标准化生产提供制度支持，鼓励大型棉花生产合作社和棉花生产龙头企业集团参与土地流转，争取在行业中发挥积极示范作用，引领和带动整个棉花行业的发展水平提升；支持纺织、加工企业与棉农、合作社建立产销联结机制，积极推广"用棉企业提出用棉标准，种子企业筛选推荐种子，合作社按规范标准组织生产，加

第3章 双循环背景下构建棉花产业新发展格局的报告

工企业定制加工皮棉,用棉企业按质量优价收购"的棉花种植新模式,大力发展订单、定制生产,促进棉花生产模式的转型升级,营造良好的产业生态环境。其次是技术层面的创新,科技创新是第一生产力,棉花产业应积极增加研发投入,促进棉花产业高效发展。强化创新主体地位,加强棉花产业创新技术培育,将已有的先进技术以及各种高新技术设备投入棉花产业,棉花产业链的每一个环节都可能存在创新机遇,在棉花的育种、生产、加工等环节加强技术研发、加大研发投入,创新出优良的棉花新产品以及开发更高效的新技术,增加棉花种植与采摘效率,降低生产成本,提升加工质量,促进棉花产出水平向中高端发展。

3.6.3 优化棉花对外开放,推进与"一带一路"沿线国家全面合作

对外开放是中国的基本国策,以开放促改革、以开放促发展也是过去40多年中国始终坚持的理念。"开放带来进步,封闭必然落后",这是古今中外人类发展史验证过无数次的历史规律。新发展格局理念虽以国内大循环为主体,但不是不重视对外开放,不是要放弃国际大循环,而是要更深层次地加入国际大循环,利用好国内国际两个市场,实现更高质量的发展。

因此,要进一步优化中国棉花产业对外开放,有效利用棉花进口,积极引导棉花企业"走出去",发挥棉花全产业链竞争优势,提高棉花产业对外开放水平;加强与"一带一路"沿线国家国际合作,提高棉花产业对外合作水平。"一带一路"沿线国家拥有丰富的棉花资源,属于世界主产棉区,每年大量向世界范围出口棉花,是中国棉花进口来源之一,进一步推动与"一带一路"沿线国家的全面合作,有利于中国棉花进口渠道多元化,保障棉花供给安全;与"一带一路"沿线国家进一步实现棉花全产业链国际合作是中国棉花产业实现高质量发展的迫切要求,与沿线国家全产业链国际合作开拓国内外市场,有利于降低生产成本和转移过剩产能,满足沿线国家相关诉求,实现双边棉花产业互利共赢;主动发挥政府协调作用,设立相关政策支持,为中国棉花产业"走出去""引进来"保驾护航,在相关金融、财税、贸易以及通关政策上给予支持和援助;与"一带一路"沿线国家统一标准,实现行业协调,构建沿线国家贸易新体系,在符合沿线国家国情以及中国国家棉花标准的基础上完善和统一棉花相关产品的贸易标准与贸易规则,制定出统一的产品贸易标准和贸易规则,有助于降低交易成本,促进产业贸易发展;打造"一带一路"沿线国家信息服务平台,共享和

交换海关、贸易标准等信息，便于让国内棉花产业相关企业及时了解"一带一路"沿线国家的政治、环境、法律、风俗习惯等影响贸易开展的信息和数据，降低贸易风险，推进与沿线国家的全面合作。

3.6.4 制定棉花产业安全新战略

在经贸环境不确定性增加，以及棉花进口量增大的背景下，棉花产业安全应考虑能否保障棉花有效供给，保证农民持续增收和农业劳动力有效就业。一是保持合理的自给率。保障棉花产业安全，必须稳定国内生产，保证一定的国内供给。如果没有一定水平的国内生产量，对国际市场的依赖程度就会扩大，中国棉花及纺织行业的可持续发展都会受到较大的威胁。棉花作为纺织工业的原材料，尽管属于中国重要的战略性物资，但其重要性仍然不能和粮食同日而语。没必要像粮食那样一定要保持比较高的自给率。我们认为，棉花自给率保持在60%左右都是比较合理的。中国棉花自给率尽管近年出现下降的趋势，但基本维持在合理水平之内，并没有出现自给率大幅度降低、严重依赖外部市场的状况。二是保持合理的库存水平。库存是资源安全的重要方面，合理的库存量是棉花产业安全的保障，也是中国棉花产业健康可持续发展的基础。因此，应稳定国内库存量，合理控制库存消费比。如果国家储备量出现比较大的波动，会影响生产者和企业对未来需求量的预测，短时间内可能会扩大重点农产品供需缺口。近些年，国内棉花库存消费比明显偏高，且不稳定，已经对市场造成了一定的干扰。需要改革棉花收储政策，将库存量控制并稳定在一定的范围内，促进国内市场流通，在一定程度上缓解棉花供需矛盾。中国棉花消费库存比保持在0.3～0.4比较合适，按照中国目前的棉花消费水平，中国棉花的库存保持在200万～300万吨是比较合理的。当前中国棉花库存水平明显偏高，由此引发了一系列的问题。因此，当务之急是合理有序地消化库存，又不对国内市场造成太大的干扰。三是保持供需的相对稳定，有效应对价格波动。国内棉花生产方面，受国际价格波动以及国内棉花产业政策变动的影响，棉花生产波动幅度增加，无论是种植面积还是总产量都出现了较大幅度的波动。近年来区域种植结构的调整速度加快，重点农产品生产逐渐向生态条件更好、增产潜力更大的地区集中。受棉纺织行业出口放缓、生产成本增加的影响，棉纺织行业开始进入产业调整与转型期，对棉花的需求出现一定程度的下降。价格的波动也对国内棉花行业的发展产生了较大的冲击,要借鉴发达国家的成功经验,建立价格监测系统,实时监测价格的变动情况,及时发布价格信息,准确把握市场价格动向。当出现大的波动时,及早作出预案,尽量减少价格波动的冲击。另外,完善市场价格预警机制,在此基础上进一步完善,充分发挥期货市场的价格发现作用。

3.6.5 推动构建棉花产业国际经贸合作新格局

中国棉花产业与国际产棉大国之间的关系,互补性大于竞争性,中国棉业与国际产棉大国开展经贸合作,前景广阔。同时也是提升中国的国际影响力和话语权,应对国际经贸环境不确定性影响的有效办法。

一是加强顶层设计,建立合作协调机制。中国政府充分发挥多双边对话机制作用,把中国棉业与国际产棉大国的合作纳入政府间投资合作规划。鼓励企业采取多元化的合作模式,进行全产业链布局。在做好风险评估的基础上,尽量采取合资或非股权投资等更易于被东道国接受的模式。或者采取向当地派遣技术专家和建立棉花产业合作示范区等形式。也可以采取以项目、技术、良种等龙头企业+生产基地的方式,发展种植业和加工业,带动国内农业生产资料、机械设备和劳务的输出。同时,为"走出去"的中方企业在人员劳务签证、基础设施建设、设备材料关税、税收融资需求,以及产品"引进来"等方面,提供便捷和明确的优惠政策。

二是建成权威的信息交流与共享平台。对中国棉花产业走出去给予信息方面的支持,提升服务水平,统一打造信息服务互通平台,既可以让国内涉棉企业及时准确地获得东道国政治、经济、法律、文化、环境等信息和数据,降低投资风险,也可以为企业提供资源展示、交易、融资、物流、保税仓储以及棉花与棉纱进口开展线下与线上交易等全方位服务。国家商务部门在各国的驻外机构,对棉花产业合作的推进状况进行定期评估,总结以往对外合作、投资项目的成功和失败的经验,发布产业合作及投资指南,让今后有意到这些国家投资的涉棉企业了解存在的风险。

三是优化政策支持,为企业发展提供保障。鼓励各大银行加快"走出去"步伐,在沿线国家设立分行或分支机构,对"走出去"的涉棉企业给予融资支持,解决资金问题。同时推进和实现跨境人民币贷款业务、跨境汇兑、清算业务,实现货币互通，减少企业汇兑损失。利用财税政策重点支持海外投资棉花生产、加工的企业，给予这些企业的基础设施建设补助、推广农机购置补贴、生产资料出境补贴、贷款贴息、自产棉花和棉纱产品回运运输补贴等。海关对涉棉企业"走出去"和相关产品"引进来"给予通关便利化的支持。进一步优化口岸通关流程和作业方式，改善边境口岸通关条件，降低通关成本，提升通关能力和工作效率。加强供应链安全和便利化合作，推动检验检疫证书国际互联网核查。利用"单一窗口""互联网+海关"实现关检业务整合申报，优化作业流程。在棉花产业合作的重要节点地区，设立与国际第三方检验机构合作的装船检验设施。

3.7 小结

本章主要由安徽财经大学杨莲娜、刘从九老师主笔撰写，周万怀老师负责整理和完善。文中所引用或采用的观点、数据均来自国内外公开发表的期刊、报纸、网络等平台，以及其他专业平台，如：世界粮农组织，中华人民共和国国家统计局，中华人民共和国农业农村部以及美国农业部等官方权威数据。这里对本章中的数据来源单位，对内容起到帮助的引文作者及相关单位表示衷心的谢意！

第4章 棉花加工报告

4.1 棉花加工机械发展现状

4.1.1 锯齿轧花机

2021年，国内棉花加工能力趋于过剩，新疆维吾尔自治区发展和改革委员会出台限制新建轧花厂数量等相关政策，国内棉机市场需求有较大下滑，呈现萎缩之势。而且近几年籽棉价格持续上扬，2021年部分地区籽棉收购价格甚至到了11元/千克以上，收购价格较高，皮棉价格较低，价格倒挂，处于严重亏损状态。对于棉花加工企业，如何提高皮棉加工质量、减少人工成本、降低劳动强度和提高经济效益是需要十分重视和应对的问题。山东天鹅棉业机械股份有限公司研发的智能化程度最高的MYZ215轧花机生产线经过两年的生产运行，在增加企业经济效益、降低工人劳动强度、提高社会效益方面取得了良好的效果。

MYZ215轧花机生产线，从车间外的自动喂花到车间内清理加工，再到车间外的自动码包，全程实现了自动化，整个车间只用5—6人。实现了工作箱运转不用频繁开箱，同时实现了轴承自动润滑，设备根据监测到的运行参数，进行自动加油，不需要停产，降低了工人劳动强度和工作量，减少了设备故障和停产时间。

MYZ215轧花机是国内目前产能最高的轧花机，单台日产能3吨以上，一条生产线一天可生产皮棉200多吨，一个月可以加工1.5万吨籽棉。企业可以快速收购优质籽棉，迅速加工，进入储备库，择机销售，实现棉花"快进快出"目的，缩短资金占用周期，降低因加工周期过长存在的变质、火灾、价格下跌等风险。

MYZ215轧花机自适应轧花机可以根据在线检测系统提供的籽棉和皮棉质量数据,在设备运行过程中对轧花机自动调整运行参数:如工作箱位置、肋条工作点、锯片伸出量、排籽道以及锯轴转速、产量等。上述全部分析、计算、判断、调整过程都由计算机自动完成,不需要人工干预。

随着市场对皮棉质量的要求越高,越注重棉花的原生态品质,中长绒棉种植面积的不断扩大,单位产量也有了明显提高,棉农得到的实惠越来越多,经济效益日益彰显,越来越受到棉花加工厂的青睐,但机采长绒棉加工技术还不成熟,如何通过提高轧花机的加工能力,突破长绒棉的加工技术瓶颈,实现长绒棉的规模化加工将是下一步发展方向。

图4-1 MYZ215锯齿轧花机生产线

4.1.2 锯齿剥绒机

目前我国锯齿剥绒机存在加工量小、自动化程度低、密封不严等不足,大型剥绒生产线需要布置几十台的设备,既浪费场地又增加工人数量和工作强度。为引领锯齿剥绒机向大型化、自动化、智能化的发展方向,2020年,山东天鹅棉业机械股份有限公司推出MR258大型智能化剥绒机,设备台时处理量达到2吨以上,残绒率低于3.5%,并在新疆博乐汗腾建成规模化生产线。该产品采用新型工作箱内部弧形、新型拨籽辊和独有的梯形表面镀铬肋条的设计,三者的相互配合使得棉籽卷在工作箱中的运转更顺畅、出绒率更高、破籽率更低、能耗更低,吨绒耗电量350—450kW·h(行业平均水平600 kW·h);该机打破国内现有剥绒机的锯筒拆装和工作箱的开合方式,采用独有的液压系统控制,整个过程只需1人巡护,无须人员操作,既减少了人工,又降低了劳动强度和综合成本。喂籽量根据设定参数自动调节,使设备自动达到最佳工作状态,综合加工能力更高,很好地解决了工人经验的高低对设备加工质量和产量的影响。整个设备采用全密封设计,加上短绒双吸嘴的设计,更好地解决了设备内部飞绒对整个车间环境的影响,改善了工作环境。MR258大型化、智能化剥绒生产线的落地实施,树立了剥绒行业新标杆,引领了剥绒行业的发展方向。

图 4-2　MR258 智能剥绒机

另外,剥绒锯筒作为剥绒机中核心的部件之一,锯片磨损快,更换频率高,工作强度大,根据机型不同,剥绒锯筒有上百张锯片,更换锯片时需把每张锯片拆下进行单张锯片錾齿,步骤烦琐且工作效率较低,随着行业发展,剥绒机的产能不断提高,机幅增大,剥绒锯筒长度逐步增长,依靠人工搬抬十分困难,拆装锯片十分影响生产效率。2021年,山东天鹅棉业机械股份有限公司对锯片錾齿做了革命性的突破,在MR258大型智能剥绒机上已实现在不拆卸锯片的前提下对整筒锯片进行錾齿,配套剥绒生产线,加工过程只需一人操作,减少用工、降低劳动强度,将彻底改变剥绒行业的加工模式。下一步将根据锯筒锯片间距以及剥绒机幅的不同,再开发通用或专用锯筒开齿机,适应不同型号的剥绒机,进一步推进剥绒生产线大型化、全程机械化、自动化、智能化的发展以及改变传统配套模式提供剥绒生产线整体的解决方案。

图 4-3　在线开齿机

4.1.3 采棉机

新疆作为我国棉花主产区、机采棉种植重点集中区，伴随我国棉花种植全程机械化快速发展，棉花机采水平逐步提升，采棉机的应用也在大幅提升。尤其是 2021 年，美国对新疆棉花新一轮的制裁，对我国采棉机的市场产生了重要的影响，尤其是打包棉花收获机方面的短板越来越受国家有关部门的重视，农业部门在政策、技术推广等方面出台了多项支持政策，新疆维吾尔自治区和新疆生产建设兵团地区增加了打包采棉机的农机补贴额，三行机由 30 万元提升到 40 万元，六行机由 50 万元提升到 60 万元，减轻了农户的购买压力，加大农户的购买热情，推动了国产采棉机的推广。

目前国内多家企业实现了采棉机的产业化，如山东天鹅棉业机械股份有限公司、新疆钵施然农业机械科技有限公司、铁建重工新疆有限公司、江苏沃得农业机械股份有限公司等生产企业通过技术创新和产业能力提升，突破了打包采棉机的关键技术，分别推出了各自品牌的打包采棉机，并对其进行田间生产性考核和推广示范，其作业效率、作业效果均已基本达到国外同类型采棉机性能水平，逐渐取得了农户的认可，极大地提高了国产采棉机的竞争能力，打破了长期以来约翰迪尔和凯斯对其垄断的局面，国产采棉机已经开始对外资品牌采棉机形成了替代效应。

山东天鹅棉业机械股份有限公司作为国内棉花加工机械制造行业的龙头企

业，在坚持立足棉机主业的同时积极围绕棉花产业链前展后拓，结合我国新疆地区棉花种植特点，在三行箱式采棉机基础上，消化吸收国际先进技术，研制了三行和六行自走式打包采棉机，并经过两年的采收验证，采净率、可靠性等指标均领先国内同类品牌，于2021年3月取得新疆维吾尔自治区农牧业机械产品质量监督管理站颁发的"农业机械试验鉴定证书"。为增强高端采棉机产品的市场竞争力，进一步提升高端采棉机制造能力和水平，山东天鹅棉业机械股份有限公司已在新疆五家渠北工业园区投资1.26亿元建设年产200台高端采棉机智能制造项目，通过购置智能化先进生产设备和应用先进生产加工工艺技术，建设高端采棉机专业生产线，有利于进一步提升高端采棉机的产品质量和生产效率，提升国产采棉机市场占有率。

图 4-4　山东天鹅棉业机械股份有限公司打包棉花收获机

4.2　棉花打包机发展现状

4.2.1　棉花打包机的技术进展

智能调速打包机的节电效果佳（相比非调速打包机，智能调速打包机打一只棉包耗电减少20%以上）；采用了既经济又适合打包机工况和棉花加工线工况的智能调速技术；打包机动态性能好、液压油发热少、故障率低等因素，2021年5月，"MDY400AI智能棉花打包机及配套棉包智能捆扎与棉包输送设备"通过了由中华全国供销合作总社科技推广中心组织的专家在北京进行的科技成果评价,专家组经评审认为,"MDY400AI智能棉花打包机及配套棉包智能捆扎与棉包输送设备"的整体技术水平处于国内领先。

图 4-5　MDY400AI智能调速打包机　　　图 4-6　MDY400AI智能打包机专家认证会

以棉花打包机智能调速、智能捆扎为任务的课题"棉花智能成包与装卸关键技术及装备研发"是国家重点研发项目"棉花智能化提级加工关键技术装备研发"的五个课题之一,由于智能调速打包机的技术创新性、推广使用后,能够带来可观的社会与经济效益等,2021年9月,在山东济南,课题"棉花智能成包与装卸关键技术及装备研发"通过了由大学教授、农业农机专家、棉花加工标准技术委员会秘书长等组成的专家组的绩效评审评价。

图 4-7　棉花智能化提级加工关键技术装备研发项目绩效评价会

第 4 章 棉花加工报告

2021年，在棉花打包机上实现了打包机的工作参数（电流、压力等）、工作参数峰值、工作状态、状态时间的实时传输。

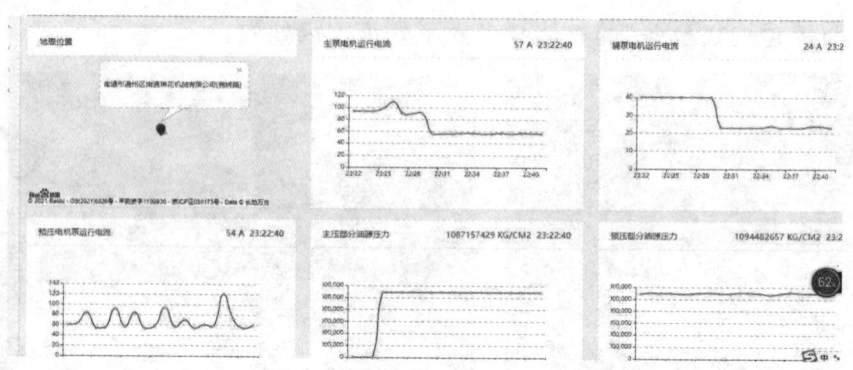

图 4-8　接收的打包机的电流与压力信号

通过数据解析与处理，达到了下列结果：①远程监控、掌握打包机的工作状态、工作效率、连续无故障工作时间；②发现打包机工作过程中的异常信号或参数数值，向打包机操作人员发出提示信息；③当打包机发生故障时，根据参数信号，生成故障代码，向打包机操作人员发送，帮助迅速排除打包机故障；④根据打包机的工作参数，生成打包机维护信息代码，向打包机操作人员发送，提示对打包机进行及时的、必要的维护和检修。

至 2021 年，40 包/小时的高速打包机得到普遍使用，60 包/小时的高速打包机的用户也在快速增加，高速打包机的性能、参数指标也进一步提升，在打裸包的情况下，40 包/小时的打包机打一只棉包的自身动作时间不超过 60 秒，60 包/小时的打包机打一只棉包的自身动作时间不超过 44 秒，虽然目前国内还没有一次性完成 8 根捆扎带的、稳定成熟的棉包捆扎机，但在熟练操作人员的配合下，40 包/小时的打包机一小时可稳定打 36 只及以上棉包，60 包/小时的打包机一小时可稳定打 47 只及以上棉包。

高速打包机的动力匹配也呈现节能化趋势。高速打包机的动力匹配并没有按照打包机的理论打包效率同步增加，而是梯度减小。40 包/小时的打包机的主机功率为 160kW，60 包/小时的打包机的主机功率为 255kW，在匹配高速棉包捆扎机后，随着打包机打包速度的提升，单个棉包的能耗将减小。

4.2.2 棉花打包机的相关问题

近一两年来,政策层面的因素,造成我国棉花主产区新疆地区大部分棉花加工厂都在以包裹包的方式打包,这严重地制约了打包机的打包效率,增加了打包过程的能耗,更关键的是降低了打包机的自动化程度、增加了打包机的操作人员(增加了棉花加工厂的用工成本)、增加了打包过程的安全风险。

目前,棉花加工行业、棉花加工厂给打包机带来的问题是:

(1)棉花加工行业、棉花加工厂仍然非常缺少掌握打包机工作原理、能够熟练操作、维护打包机的人员;

(2)棉花加工厂对棉花过度烘干的情况比较多,进入打包机的皮棉含水率很低,致使打包机严重超载;

(3)从集棉机(集棉尘笼)到打包机,皮棉在滑棉道下滑、流入打包机的过程中,不连续、不均匀的现象比较普遍,致使打包机主压头偏向,严重的可损伤打包机的主压油缸,使主压油缸导向套、密封件快速磨损、密封失效;

(4)绝大多数棉花加工厂对打包机液压油的冷却采用水冷却的方式,但冷却水箱(水池)的形式与结构多种多样,冷却水不能有效散热的情况很多,主要是冷却水箱(水池)封闭没有散热口或散热口很小或受到阳光直射,冷却水在水箱(水窖)中没有将热量散出,进冷却器的水的温度比较高,高于30°甚至高于45°,冷却液压油的作用很小,甚至完全不能起到冷却液压油的作用。

与棉花打包机配套、匹配的设备或仪器有在线测水仪器、棉包捆扎机、条码机、电子秤、唰唛(喷码)机等,存在的问题有:各在线测水仪器的相关尺寸不统一,棉花打包机难以为其预留通线孔和安装螺纹孔;条码机与电子秤均没有很好地向用户告知其通信接口、通信制式等,致使棉花加工厂购买的条码机与电子秤之间不匹配、不衔接,不能通信的情况很常见;棉包捆扎机、唰唛(喷码)机的设置还需更加完善,工作速度还需进一步提高,目前棉包捆扎机、唰唛(喷码)机存在限制打包机功能、制约打包机速度的情况。

目前,棉花加工行业、相关设备制造企业、研究院所等正在努力解决棉花打包机打包裹包时的自动挂包布、打裸包时的自动套包装袋、自动缝包等技术难题,只有掌握了这些技术,棉花打包机才能真正实现完全自动化、无人化。随着工业技术的发展,以最佳、最经济、稳定可靠的、符合棉花加工厂工作要

第 4 章 棉花加工报告

求的方式来实现棉花打包机自动挂包布、自动套包等将逐步成为现实,棉花打包机的自动化程度和技术水平一定会不断地提升和进步。

4.3 机采棉清理工艺及设备发展现状

4.3.1 清理设备发展概况

"十三五"重点围绕"智能提级"的目标,开展了机采棉高效清花工艺技术研究。确定了"一清重杂、二清三丝、再清铃壳、棉秆等大杂,后清细小杂质的工艺路线和采用复式设备设置 5 道以上籽清加强籽棉清理,减少皮棉清理环节,降低纤维损伤的工艺路线",建立了既注重杂质清理,又注重调节籽棉回潮率(烘干、加湿)、烘干温度等工艺参数的完备清理工艺,实现了机采棉工艺参数和设备技术参数的优化。工艺路线中合理设置了工艺旁路系统,根据籽棉含杂率等参数的变化,灵活调整工艺路线,选择使用清理设备,得到更优的清花工艺,科学实现因花配车,在控制棉纤维损伤的同时,提高整个工艺的排杂能力。机采棉清理加工工艺流程如图 4-9 所示。

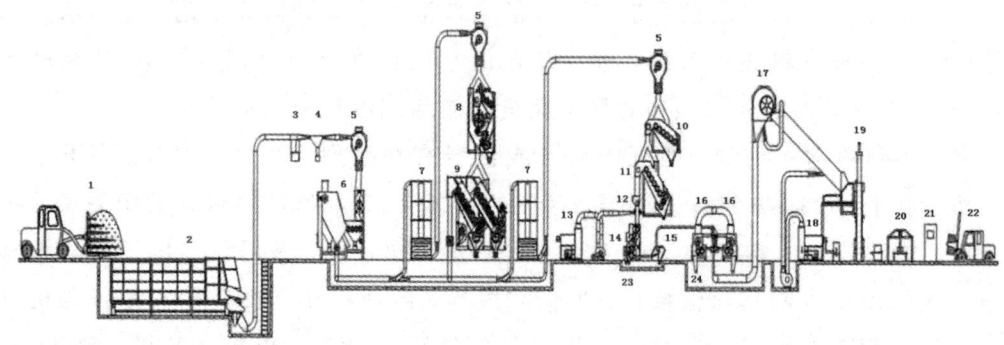

图 4-9 机采棉加工工艺流程

1.散状籽棉 2.散状籽棉喂料机 3.调风阀门 4.重杂物清理机 5.籽棉卸料机 6.异性纤维清理机 7.籽棉烘干塔 8.籽棉清理机 9.双回收式籽棉清理机 10.倾斜式籽棉清理机 11.回收式籽棉清理机 12.配棉绞龙 13.籽棉加湿系统 14.毛刷式锯齿轧花机 15.气液式皮棉清理机 16.皮棉清理机 17.集棉机 18.皮棉加湿系统 19.6MDY400 液压打包机 20.输包、称重、自动刷喷系统 21.成套电气控制系统 22.夹包车 23.棉籽输送系统 24.不孕籽输送系统

4.3.2 籽棉异性纤维清理机

由于我国机采棉种植普遍采用地膜覆盖技术，造成机采棉中含有大量的塑料地膜、滴灌带等异性纤维。这些异性杂质经过生产线多级清理后被轧成更小的碎片与棉纤维混杂在一起很难清理，大部分棉花达不到纺织企业要求的"异性纤维含量≤(0.1—0.3)g/t"的标准，这些杂质的存在，既影响了轧花厂皮棉质量，也影响了纺织厂成纱质量。

2021年棉机制造企业持续对籽棉异性纤维识别、清除等相关技术进行了研究并取得了相关技术突破。通过承担国家"十三五"重点研发计划项目《棉花智能化提级加工关键技术装备研发》，提出了籽棉异性纤维缠绕—抛射—气流悬浮复合剔除分离新原理，为异性纤维剔除装备研制提供了理论基础。在充分试验的基础上，研制了异性纤维缠绕辊剔除装置和抛射辊、有胆式吸附尘笼、沉杂箱等气流剔除关键装置，推出了新型异性纤维清理设备，实现了籽棉异性纤维的高效剔除，结构如图4-10、图4-11所示。

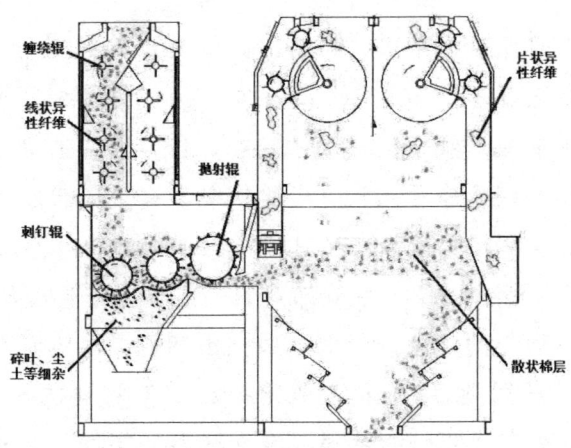

图 4-10　籽棉异性纤维清理机结构示意

第 4 章 棉花加工报告

图 4-11 新型籽棉异性纤维清理机

4.3.3 清铃机

我国机采棉普遍存在含杂大、回潮率高的突出问题，尤其是铃壳、棉秆含量高，工艺中需要配置多道籽棉清理机，但仍然存在铃壳、棉秆清除效率低，在提净钩拉过程中造成纤维损伤较大的问题。目前籽棉清理工艺中配备的清铃机有的加工厂采用一级提净辊结构，清杂效率不高，有的加工厂采用二级提净辊结构，虽然清杂效率有所提高，但对棉纤维损伤较大，直接影响了皮棉的质量。在工艺布置中，清铃机位于籽棉卸料器的下方，由于风力输送系统的影响，还经常出现喂花不均匀的现象。针对这些突出问题，棉机制造企业在承担国家"十三五"重点研发计划项目《棉花智能化提级加工关键技术装备研发》的过程中，组织专家团队在广泛调研的基础上研究开发了提净式籽棉清理技术，开发出了新型智能清铃装备，提高了铃壳、棉秆分离效果，降低了纤维长度损伤，提高了棉花加工质量和生产线安全运转效率，最终提高了生产效益。

2021年在市场全面推出了大滚筒智能低损伤清铃机，通过优化排杂空间控制和排杂棒优化布置，在对机采籽棉进行一次钩拉的工况下，实现了高效清杂，同时实现了设备运行参数随籽棉含杂率参数智能调节，并联动调控籽棉喂料机产量，具体结构如图4-12、图4-13所示。

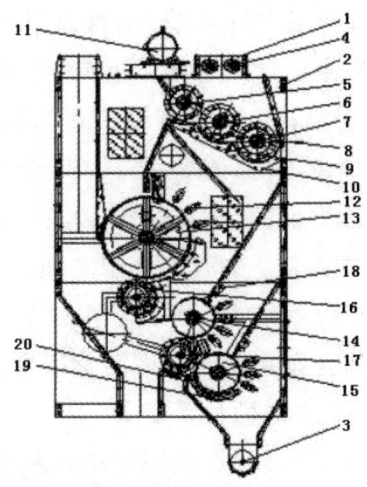

图4-12 清铃机结构示意

1.喂花部 2.开松部 3.排杂绞龙 4.喂花辊组合 5.刺钉辊组合一 6.刺钉辊组合二 7.刺钉辊组合三 8.格条栅(一) 9.格条栅(二) 10.格条栅(三) 11.喂花部电机 12.排杂棒 13.大齿条辊 14.齿条辊组合(一) 15.齿条辊组合(二) 16.拨棉辊组合(一) 17.拨棉辊组合(二) 18.钢丝刷 19.格条栅(三) 20.格条栅(四)

图4-13 MQZL-15B1 大滚筒智能低损伤清铃机

4.3.4 皮棉清理机

针对国内机采棉含杂高、回潮大的现状，棉花加工生产线不断改进加工工艺，增加清理环节，提升清理效果，但也增加了棉纤维的损伤。尤其在轧花机

第4章 棉花加工报告

高产情况下，现有皮棉清理机需配置2道，清理效果不佳，纤维损伤大，智能化水平低，直接影响皮棉的质量。针对上述主要问题，棉机制造企业全面开展了皮棉清理机关键技术研究与突破，大胆创新了设备结构，利用现代智能技术，创制了高效低损伤智能皮棉清理机，如图4-14所示。实现了皮棉清理机排杂区域优化控制与排杂刀布置等方面的结构创新，以及运行参数随主机设备和生产线工艺参数智能跟随调节与控制。通过建立棉花加工设备运行参数与皮棉含杂率、回潮率等工艺参数关联控制模型，实现了皮棉清理机运行参数与轧花机产量的自动跟随，以及随皮棉含杂率、回潮率的自适应调节，能够满足机采棉加工生产线提质、减损、高效、智能的技术要求。

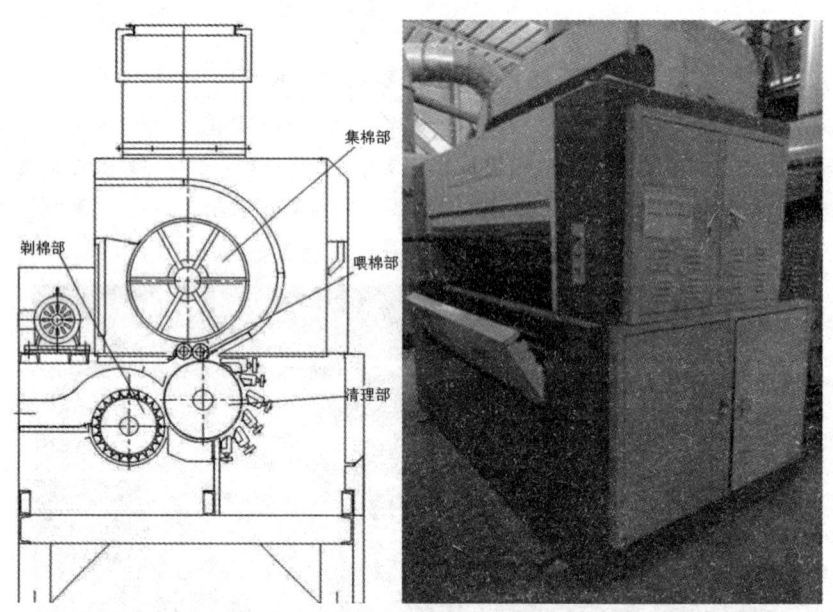

图4-14 MQP-600×2000A 智能皮棉清理机

综上，中国机采棉清理工艺及设备，经过20余年的不断发展，技术性能水平不断提升，尤其是近几年，机采棉技术得到快速发展。在机采棉清理工艺方面，由于植棉地气候差异大，棉花品种繁多，采收和管理水平差异较大，造成机采籽棉的质量差异较大，纺织厂对皮棉的质量指标关注度也有差别，因此要不断研究适合中国机采棉加工的清理加工工艺，围绕"高效清杂，低纤维损伤、高加工质量"的目标建立灵活配置、高效环保的加工工艺，保持棉纤维原生品质，满足纺织企业的用棉要求，提高棉花加工行业的经济效益和社会效益。异性纤维清理方面，由于目前植棉农艺技术方面还摆脱不了地膜覆盖技术和滴灌技术，机械采收时容易吸入地膜、滴灌带，人工手摘棉花也很容易混入头发、化纤丝、动物毛发等异性纤维，异性纤维的识别技术和清理设备清除效率还有待进一步提高，同时缺乏准确、定量检测异纤含量的自动化仪器设备，异性纤维清除技术的研究将是一个长期持续的研究课题。在清理设备方面，由于中国机采棉的种植特点和追求高产的价值取向，机采棉的含杂高、回潮率高的突出问题将会长期普遍存在。为达到纺织用棉要求，并实现加工企业利益最大化，籽棉清理和皮棉清理技术需要继续围绕提高清杂效率，降低纤维损伤与损耗方面进一步研究与突破，并在设备智能化水平方面进一步提升，达到清理工艺和设备柔性化加工的目标。

4.4 棉花调湿与通风除尘成套装备与技术发展现状

4.4.1 棉花调湿技术与装备发展现状

2021年度，棉花调湿技术改造主要集中在调湿热源改造，在天燃气热风炉、电热风炉、生物质热风炉等清洁能源技术改造中，电热风炉以其改造适应性强、操控简单等优势在棉花调湿热源技术改造中占据较大的市场份额。

目前，按照新疆棉区南北疆地区气候差异与棉花加工生产线产量等因素考虑，北疆地区电热风炉技术改造整条棉花加工生产线通常采用1600kW功率配置的电热风炉，南疆地区改造整条棉花加工生产线通常采用600～800kW功率配置的电热风炉，北疆棉区一般采用1台电热风炉为2台干燥塔提供热源改造工艺（俗称"一拖二"改造工艺），如图4-16所示，或者采用1台电热风炉为1台干燥塔提供热源改造工艺（俗称"一拖一"改造工艺），如图4-15所示。电热风炉技术改造采用"一拖一"配置还是"一拖二"配置，主要由棉花加工生产线空间与电力负荷空间等因素决定。

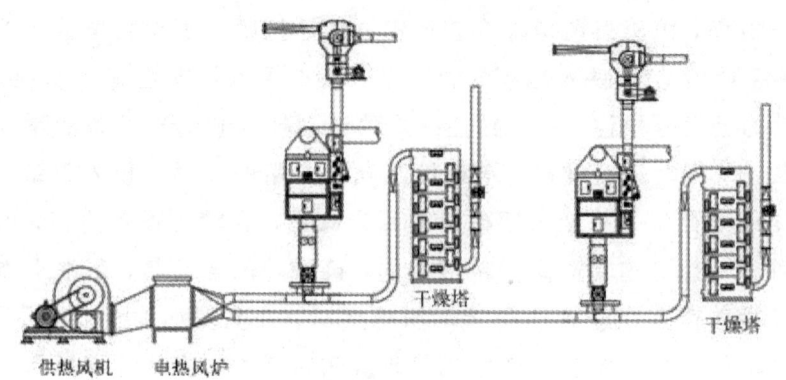

图 4-15 "一拖一"电热源改造工艺

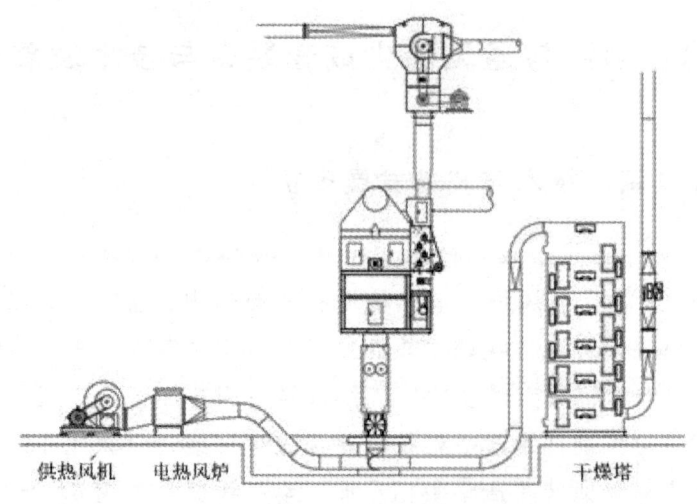

图 4-16 "一拖二"电热源改造工艺

截至 2021 年，新疆棉区地方棉花加工企业棉花调湿热源技术改造已经超过半数，新疆生产建设兵团第二师、第七师、第八师棉花加工企业基本完成棉花调湿热源改造，其他师市也在稳步推进改造中。

棉花调湿技术改造涉及调湿热源、调湿装置、检测装置、控制算法等各个环节，只有各个工艺环节同步发展，棉花调湿技术改造才能够取得较大的效果。目前，棉花调湿技术改造主要围绕棉花调湿热源的替换改造，对于棉花调湿技术改造整体而言仍存在一些不足。一是棉花调湿装置技术发展缓慢。目前，棉花调湿装置仍然采用大风量伴随式调湿方式，该调湿方式需要消耗大量的热量，且在热量不回收的情况下，棉花调湿成本大幅提升。二是棉花回潮率精准调控技术应用推广缓慢。籽棉回潮率在线检测装置尚未应用推广，控制方式多采用单机控制，致使棉花回潮率调控精度不高，不利于棉花加工更好更快地发展。

棉花调湿技术通过清洁热源改造，棉花调湿热源污染环境的问题得到了解决，但是，为了确保棉花调湿技术良好地发展，应在棉花调湿智能化、加大皮棉加湿技术研究等方面加大科研力度，确保棉花调湿技术水平的提高。随着电热风炉技术改造的快速推进，棉花调湿热源清洁环保的要求基本实现，棉花调湿热源精确化控制成为可能，针对棉花调湿控制精度低、棉花调湿成本高的问题，应加快棉花智能化调湿控制技术研究，研制棉花回潮率在线检测装置，实现棉花回潮率的精确控制，提高棉花调湿效率，实现棉花调湿热源的高效利用，确保推动棉花调湿高效快速发展。近几年，我国交售籽棉普遍存在高含杂、高回潮的现象，为了确保棉花加工质量，降低皮棉含杂率，在棉花加工过程中，籽棉干燥强度增大，致使加工皮棉回潮率偏低，皮棉回潮率基本上接近或低于5%，部分皮棉回潮率甚至低于4%，致使棉花打包机打包裹压力增大，甚至超过额定压力，影响打包机的使用寿命；成包皮棉过低，棉包的膨胀力比较大，常出现崩包现象。因此，应加强皮棉加湿技术研究，加大成果转化力度，确保棉花高效安全加工。

4.4.2 棉花通风除尘技术与装备发展现状

为了改善棉花加工企业作业环境，降低粉尘污染的影响，2019年以来，新疆棉区开展棉花通风除尘技术改造工作，随着多层圆笼除尘技术的不断提高，2021年度，新疆生产建设兵团第二师、第五师棉花加工企业加大技术改造力度，已基本完成通风除尘技术改造工作，新建生产建设兵团第一师、第七师逐步开展通风除尘技术改造试点工作，南北疆地方棉花加工企业也在快速推进通风除尘技术改造，尤其以南疆喀什地区巴楚县改造力度最大，已基本完成县域内棉花加工企业除尘设备改造工作。

棉花通风除尘技术与装备通过近几年的发展与提高，其产品稳定性、除尘效果得到了大幅提升，但也存在一些不足，主要体现在：新疆棉区是我国重要的棉花种植区，由于新疆棉区地域较大，南北疆棉区气候环境存在较大的差异，南疆棉区加工季节风沙大，处理的含尘气体中沙粒较多，对于除尘设备各传动机构、管道磨损严重；北疆棉区加工季节雨雪多，处理的含尘气体中回潮率较高，影响了一级滤网与二级滤布的清理效果，因此，采用相同的通风除尘装备，在南北疆棉区会存在不同的问题，影响通风除尘装备安全正常运行；棉花通风除尘是系统工程，不仅要解决棉花加工生产线所排出气体的纤维与尘杂分离，还要处理好纤维与尘杂分离后的回收与堆放问题，否则不能够满足行业实际需要。目前，棉花通风除尘技术与装备只注重单机除尘装备纤维、尘杂的分离，纤维与尘杂分离后回收与堆放问题处理不好，普遍存在二次扬尘问题，影响棉花通风除尘系统的整体使用效果。

棉花通风除尘技术与装备虽然通过行业内龙头企业与科研院所共同努力，取得了一定的进步，但仍需继续努力，围绕行业更快更好发展的需要，做好以下两个方面的技术研究工作。①棉花通风除尘技术信息化、智能化发展。棉花通风除尘在棉花加工工艺中处于十分重要的地位，棉花通风除尘工作状态的优劣，将直接影响棉花加工是否正常生产。但是由于棉花通风除尘环境相对恶劣，且远离棉花加工车间，出现问题不易及时发现处理，因此，随着棉花通风除尘单机装备性能日渐稳定，今后应注重通风除尘技术信息化、智能化方向发展，通过信息化、智能化技术水平的提高，在进一步提高单机装备除尘效果的同时，提高装备的"无人值守"水平。②统筹棉花加工除尘需求，提高通风除尘系统化程度。目前，棉花加工行业根据大气污染物排放的环保要求，重点围绕通风除尘技术改造开展技术研究与装备研发工作，但是，棉花加工除尘包含内容较多，例如棉花加工车间环境的除尘，事关棉花加工从业人员的身心健康，因此，为了促进棉花加工生产更好地发展，应统筹棉花加工除尘的需求，以系统化的思维全面考虑棉花加工除尘技术的研究工作，推动棉花加工除尘技术的全面提升。

4.4.3 意见与建议

棉花调湿与通风除尘技术与装备的发展，事关棉花加工行业更好更快发展的需要，为了加快棉花调湿与通风除尘技术快速提高，应重点做好以下几个方面的工作。一是发挥政府与行业协会的引领作用，推动技术持续稳定发展。棉花加工行业作为涉农行业，季节性强、从业人员流动性大，行业发展受外界因素影响波动较大，因此，政府和行业协会应发挥好引领作用，通过政策、指导性建议等方法，推动棉花调湿与通风除尘技术持续稳定的发展。二是加强行业内产学研相结合，加快技术提升与成果转化。棉花加工行业相对较小，行业内加工企业与科研院所相对较少，相关研究同质化严重，因此，应加强建立行业产学研相结合的机制，对于棉花调湿与通风除尘技术的研究应形成合力，加强技术交流，加快技术水平的提升与成果转化。

4.5 棉籽及其深加工产品产业现状分析

4.5.1 棉籽及其深加工产品产业概述

中国是世界第一大产棉国，2019年和2020年基本稳定在750万吨左右，2021年主要受棉花种植初期恶劣天气影响，棉籽产量下降到680万～700万吨。其下游流向主要包括油厂约620万吨，牧场50万～70万吨，制种需求15万～20万吨。棉籽再加工占比仍然高达90%。棉籽虽然是棉花加工的副产品，但是棉籽却浑身是宝。棉籽再加工实现了原料全利用，不断提升产品附加值。其再加工产品包括棉籽油、棉籽蛋白（棉粕）、棉籽壳、棉短绒、棉籽低聚糖和醋酸棉酚等产品。这些再加工品涉及食品、饲料、医药、工业等各个领域。受国际油粕油料资源价格上涨及棉籽产品多样化影响，国内棉籽及加工产值也在不断上升。2021年在棉籽产量较上年度下降10%的情况下，棉籽产业产值仍上升到240亿元。

4.5.2 棉籽加工工艺简介

棉籽加工的一般工艺包括三个阶段：①剥绒，毛棉籽经剥绒机处理得到光棉籽和棉短绒；②预处理，光棉籽经过剥壳、软化得到棉籽壳和棉籽仁；③浸提和分离，棉仁经过溶剂提取后得到棉籽油，根据脱脂后的棉籽仁是否脱酚可得到脱酚棉籽蛋白或棉粕两种产品。产品精深加工做得好的企业，利用脱酚过程产生的脱酚液进一步分离提取棉籽低聚糖、醋酸棉酚等产品。棉籽加工行业普遍存在研发投入不足，新工艺、新技术未突出涌现。大企业在现有工艺上采用多重高效除尘、除杂技术降低粉尘排放，提高环境质量。采用综合高效多级仁壳分离技术实现不同含量规格蛋白生产。

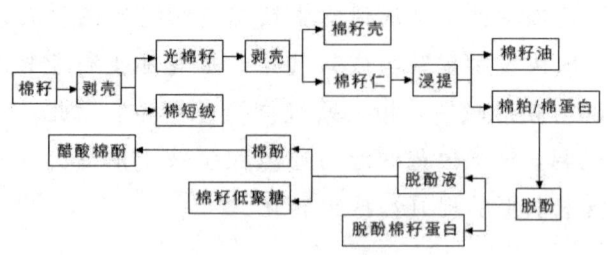

图 4-17 棉籽加工流程

如图 4-17 所示,棉籽经过以上工序处理,通常情况下可以得到棉短绒、棉籽壳、棉籽脱酚蛋白(棉粕)和棉籽油四种产品,每种产品根据各自的特性和应用途径被广泛应用到食品、饲料、化工、医药等行业中,为国民经济的发展贡献着自己的力量。

1.棉籽蛋白

棉籽蛋白(棉粕)是一种高蛋白饲料原料,年产量在 280 万～320 万吨。根据加工方式不同分为低温脱酚棉籽蛋白和高温棉籽粕。

为了缓解国内从国外进口高蛋白饲料的压力,依靠科技创新的力量,棉籽蛋白的蛋白含量也在从以 50% 为主,向高蛋白发展,60% 甚至更高含量的棉籽蛋白逐步占领市场,这些产品已广泛地应用在高端水产料中替代进口鱼粉。棉籽蛋白产品逐渐向高蛋白含量发展已经成为棉籽加工行业的一种趋势。目前棉籽蛋白市场已经以 50%、60% 含量基本平分秋色,且 60% 含量蛋白占比越来越大。

棉粕从之前蛋白含量以 42% 和 46% 蛋白为主,逐步向 46%、50% 蛋白为主,甚至开始有 60% 蛋白含量的棉粕出现。

另外,棉籽蛋白通过水解、酶解等方法做成小分子量的多肽产品,可以作为饲料原料和微生物发酵氮源。目前有棉籽粕、饲料原料棉籽蛋白的国家标准,但仍不能满足棉籽蛋白多样化的发展需求。因此,棉籽蛋白系列产品标准亟须制定行业以上的标准来规范市场。

2.棉籽油

棉籽油是一种大宗食用油,年产量在 70 万～80 万吨。受传统观念影响,棉籽油在我国属于低端油种。目前各棉籽加工企业多数仅加工到三级油就进行销售,而很少有企业将棉籽油加工至二级或者一级油的标准。棉籽加工企业棉油销售渠道主要是新疆、陕西、山东等地的精炼厂,由精炼厂进一步加工成二级、一级棉油,再加工过的棉籽油多数用于掺兑到其他食用油中以及用作调和油生产。真正以棉籽油名义进行终端销售的主要在新疆喀什周边、山西运城、临汾、河北邯郸及山东德州等地。

在国外,由于棉籽油良好的煎炸特性,棉籽油的价格比一级大豆油还贵,因此适度加工的三级棉籽油营养价值宣传以及开发特色棉籽油,为棉籽油正名是后续行业发展方向。

3.棉短绒

棉短绒被广泛地用于棉浆粕、精制棉、硝化棉和币纸浆的生产中,每年产量约70万吨。但是随着上游产业不断的发展调整,在棉浆粕行业,棉短绒多数被溶解木浆替代。精制棉、特种浆是短绒主要下游,该类产品要求品质较高,溶解木浆还不能替代。由于国内棉籽加工企业对短绒重视度低,短绒品质提升较慢,生产的短绒品质稳定性较差,远远达不到现行国标棉短绒分类的要求。目前国内许多棉短绒的生产厂家共同呼吁制定符合当前工业生产需求的棉短绒标准,同时生产的品质管理亟须提升。

4.棉籽壳

棉籽壳年产量在190万—210万吨。其中有约40万吨用作饲料,剩余150万~170万吨用于食用菌基质。棉籽壳还可以制备成各种形态的多孔碳材料,在新能源和环保领域有广阔的应用前景。

2019年全国棉花加工标准化技术委员会牵头制定了棉籽壳行业标准GH/T 1262—2019《棉籽壳》,以满足大型工厂化企业对培养基的标准化要求。近两年来,随着晨光生物科技集团股份有限公司等厂家带头推动《棉籽壳》标准实施,棉籽壳产品质量得到了下游工厂化使用企业的一致认可,并且同期销售均价高于未实施标准(散户)时产品约50元/吨,直接增值约1亿元/每年。优质的产品在获得国内客户青睐的同时,也吸引了国外客户的注意,棉籽壳出口到日本、东南亚等国家和地区。

5.棉籽糖

棉籽糖是一种低聚糖,具有改善和调节肠道功能。棉籽中棉籽糖含量在3%左右,是提取棉籽糖的优质原料。随着技术的进步,棉籽低聚糖产品含量从

第4章 棉花加工报告

35%提高纯化到98%以上。但棉籽糖市场受限于棉籽加工厂的资源再利用意识、技术情况,仍处于初级阶段,市场有待开发。

6.棉酚

棉酚在棉仁中的含量在1%以上,是一种天然的抗氧化物质,应用于防腐、避孕药物,天然绿色农药。但由于棉酚产品技术要求高,市场应用领域少,GH/T 1062—2010《醋酸棉酚》标准仍难满足产品需求。

4.5.3 棉籽加工行业现状

棉籽加工在我国是个传统产业,很多棉籽油厂都是从日加工50～60吨的小加工作坊逐步发展起来的,在2010年前后,国内棉籽加工企业最多时达到400多家,80%的企业日加工能力不足300吨。经过近几年的洗牌,仍进行经营的棉籽加工企业不到150家。尤其新疆棉籽油厂也从以购买光棉籽为主,逐步过渡到投建剥绒生产线,到直接采购加工毛棉籽。棉籽加工逐步由家族式、小规模向公司式、大规模过渡,目前加工能力达到300吨以上的企业,加工量占全国加工量的85%以上。近两年以来新疆昌粮油脂集团有限责任公司、新疆粮油集团有限责任公司等大型国企背景的下属公司涉足棉籽加工行业,其他行业内较大集团企业如晨光生物科技集团股份有限公司、新疆泰昆集团有限责任公司纷纷收购、新建棉籽加工厂,日加工500吨乃至1000吨的企业增多,使得产能又面临过剩,行业竞争更加激烈,产业集中度有所提升。当前棉籽加工行业面临以下问题。

(1)竞争更加激烈,无序不良经营普遍。棉籽加工行业小企业较多,包括上游的棉花加工厂,部分企业信誉不好。棉籽行情上涨时在棉籽中掺兑杂质,更有甚者直接毁约不执行前期合同,严重损坏了行业的整体信誉。棉籽壳产品中掺杂使假,棉粕产品黄曲霉毒素时有超标,棉籽油颜色忽好忽坏不稳定等现象在行业中屡禁不止。企业的守约精神有待提升,企业操作规范化需要加强监管。

(2)工艺传统,技术进步较慢。国内没有规模型企业进行深入研究改进提升棉籽加工工艺。各小型企业研发投入不足,加工自动化、工艺先进性、质量控制等方面亟待提升,近两年虽然有如晨光集团等规模较大企业进入,但新工艺、新技术并未突出涌现,产业能耗、技术水平提升较慢,棉籽加工绿色产品设计及评价规范亟须建立。

(3)基础研究不足,产品升级慢。脱酚棉籽蛋白作为棉粕的升级产品属于新产品,目前缺少广泛系统的应用性效果研究,饲料客户接受比较慢。短绒、棉油等产品无明显进步,尤其棉油市场认可度低。棉籽中含有的棉子糖、棉酚等深加工产品开发较慢,较好的增值产品没有开发出应有价值。

(4)棉籽加工作为油脂行业的一个分支,受大宗商品的影响较大。市场行情总体上受国际大豆贸易、食用油生产,以及其他农产品行情波动的影响。行情波动对企业的影响远大于潜在价值提升的影响,迫使行业内企业更加注重依据行情经营,关注技术提升少。

(5)传统行业品牌建设意识不强,亟须推动完善标准体系。随着机采棉的普及和棉籽蛋白应用的扩张,现有棉副产品标准体系不能满足产业发展,有必要继续完善和提升。

①随着棉籽加工行业的发展,商品化棉籽已由光棉籽转变为毛棉籽,目前的国家标准GB/T 11763—2008《棉籽》和GB/T 29885—2013《棉籽质量等级》均是光棉籽(脱绒棉籽)的质量标准,并且随着机采棉和棉籽加工行业的发展,反映新时期棉籽质量情况及对接加工需求,需要制定新的棉籽相关的国家、行业标准。

②棉籽蛋白作为大豆蛋白的补充原料,在饲料、发酵行业已有较大的发展潜力,同时作为新来源的棉蛋白相对工艺研究和终端使用衔接更紧密,产品分类更精细化:如棉籽蛋白,脱酚棉籽蛋白,发酵棉籽蛋白,棉籽蛋白肽;更是有42%到70%不同含量规格。多种原料采收方式、产品生产工艺、用途、规格、产品质量监控方法,现有标准体系中专有产品标准缺失;棉籽加工粕类向高蛋白含量发展成为一种趋势。棉籽蛋白特有营养成分和功效性应用方向也是棉籽蛋白高附加值产业化的方向。棉蛋白超微粉用作医药发酵培养基也成为棉籽蛋白的另一大重要用途。亟须完善和升级棉籽蛋白类产品标准。

③现行国标GB/T 20223—2018《棉短绒》分类细,标准要求高,而棉籽加工厂棉短绒仅作为副产品,加工工艺不精细,灰分(一般高于1.8%)和硫酸不溶物(一般9%左右)等级较低。尤其是机采棉实施以及作为棉花加工厂副产品产出的棉籽质量直接影响了产出的棉短绒质量等级。在保证资源不浪费的情况下,有必要规范出可满足不同行业需求的工厂化棉短绒标准,实现标准互换连接,全产业链推广,资源全利用。

④棉籽蛋白加工行业日加工量大，生产线新，生产线配套在线检测系统可以实现和原料质量快速对接，保证农户受益，反馈工厂加工效益，更能保证产品质量稳定。可实现粗放型加工企业向精准型高附加值型产业转型。有必要制定棉籽加工在线检测方法标准，推动实现产品数字化。目前晨光集团已实现在线检测全覆盖。

⑤棉籽低聚糖和棉酚系列产品受到行业发展的影响，还未形成规模化产品，但随着技术进步，棉籽糖产业已突破现有行业标准要求，为反映更高附加值的产品和发展方向也有必要对现有行业标准进行修订。

⑥随着技术进步和棉籽产品的推广，棉籽油、棉籽蛋白、棉籽壳和棉短绒出口已粗具规模，也有相应国标外文版和制定国际标准的需求。

4.5.4 棉籽加工行业展望

虽然棉籽加工行业整体升级较慢，但是我国油料资源不足，对各种油料尽可能充分利用，目前在棉籽加工技术、加工规模以及对棉籽加工的研究水平却走在了美国、印度、巴西等其他产棉国的前面。随着部分高科研型企业如晨光生物科技集团股份有限公司等企业的带动，行业也正在由粗放型加工企业向精准型高附加值型产业转型。高含量蛋白、精准含量蛋白、高含量棉籽糖、醋酸棉酚等高附加值新产品市场份额进一步提升。近红外在线实时监测已成功应用在棉籽加工生产线。棉籽质量等级外文版申请立项推动国内外棉籽贸易的发展。

尽管我国在棉籽加工领域已经取得了一定的成绩，但该行业仍需向标准化、规范化、规模化发展，不断改进工艺技术，开发新产品，提升加工附加价值。全国棉花加工标准化技术委员会正积极推进棉副产品标准体系建设，将有效助推棉副产品向高质量发展。

4.6 机采棉品质快速检测和质量追溯系统

4.6.1 背景简介

新疆是国家重要优质棉生产基地，兵团棉花历来是新疆棉花质量的重要名片，有着"中国棉花看新疆，新疆棉花看兵团"的美称。近年来，由于兵团棉花品种多乱杂、产业监管与行业发展不平衡等，兵团棉花质量持续下滑，尤其是2020年度，颜色级、长度、长度整齐度、断裂比强度等指标低于全国和自治区水平。同时，棉花质量全程监管与追溯信息化技术手段长期缺失，给棉花产业的日常监督管理工作带来困难，不利于实现在线监管、实时预警与精准施策。

为了充分发挥棉花政策对质量的导向作用，更好地服务新疆棉花产业高质量发展，进一步推进新疆棉花目标价格补贴与质量挂钩工作，石河子大学张若宇教授团队联合中华全国供销合作总社郑州棉麻工程技术设计研究所、北京智棉科技有限公司、山东天鹅棉业机械股份有限公司等国内多家单位开展技术攻关，联合研发了棉花质量追溯系统。

棉花质量追溯系统通过关键技术装备的研发和平台构建，实现了棉花从采收、预约交售、收购检验和开包扫码等环节的实时监测，进而为皮棉—籽棉—农户的精准对应以及棉花质量差异化补贴政策顺利实施提供了技术保障，对推动新疆棉花产业高质量发展具有重要意义。

4.6.2 技术方案

棉花质量追溯系统能够实现籽棉至皮棉的信息追溯。通过采集农户（地块坐标、身份证等）、加工厂信息并上传至棉花高质量生产流通监管平台，打破采棉机采收、预约交售、开膜加工、皮棉条码各环节信息壁垒，实现棉花质量信息"一码追溯"。主要环节操作流程如图4-18所示。

第 4 章　棉花加工报告

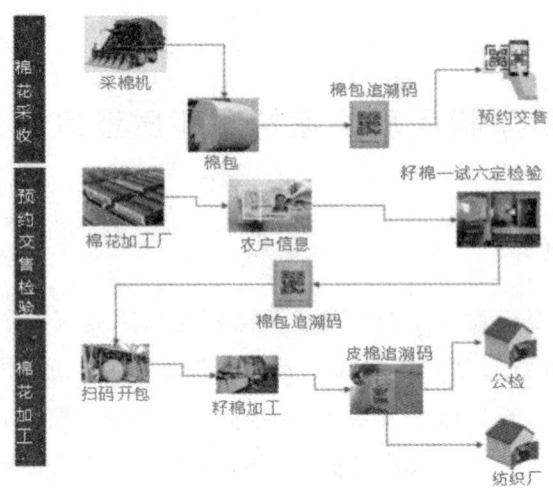

图 4-18　棉花质量追溯主要环节操作流程

1. 采棉机车载系统

收获环节是棉花质量追溯的关键节点。以打包采棉机为载体，自主研发了相应的监测系统。企业在生产棉花打包膜时提前预贴追溯二维码标签。追溯二维码是通过标准化的编码规则及特殊防伪校验码编制，保证每个码的独立性与唯一性。采收过程中，每个棉包对应的位置坐标、采收时间、含杂率、回潮率、采收现场图片可实时采集并赋码上传至监管平台。如图 4-19 所示。

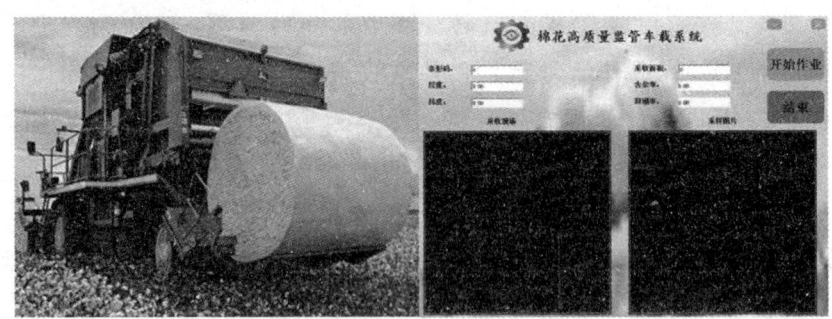

图 4-19　采棉机车载系统

2. 预约交售

农户通过手机扫码预约交售，自主选择加工厂。棉花加工厂通过监管平台的预约信息派车运输农户棉包，现场扫码核对，成功后运送至加工厂，如图 4-20 所示。

图 4-20　预约交售

3.收购检验

棉花运输至加工厂后,棉农通过身份信息核对后,取样并进行"一试五定"的双盲检验。其中,回潮率、含杂率及颜色级由籽棉"一试五定"快速检测系统检测,通过技术设备集成,将长度、衣分及马克隆值集成至统一的检测平台,此检测平台和籽棉"一试五定"快速检测系统实时通信,且回潮率、含杂率、颜色级、长度、衣分和马克隆值指标可自动上传至籽棉收购系统及棉花高质量生产流通监管平台,减少人为因素的影响,单个样本检测时间在5分钟以内。如图4-21所示。根据抽样检验结果,棉农和加工厂确定好价格后,开始进行称重结算。完成交易的籽棉,加工厂根据籽棉检验品质和追溯主体不同实施分类堆垛。

图 4-21　收购检验

4.开包扫码

籽棉开包扫码环节是棉花质量追溯中最重要的环节。通过研发的自动开包扫码装置,确保此处的籽棉包按顺序依次开包、扫码、喂花,追溯码和开包监控画面可实时上传至棉花高质量生产流通监管平台,保证后续加工的皮棉包与其准确对应,有效解决加工厂现有开包喂花方式所引起的信息匹配混乱。如图4-22所示。

图 4-22　开包扫码

5.皮棉追溯码生成

根据皮棉和籽棉的对应关系,由条码机系统按规则自动生成相应的追溯码。这个追溯码将衔接后续的公检、流通、配棉、纺织等重要生产过程。如图4-23所示。

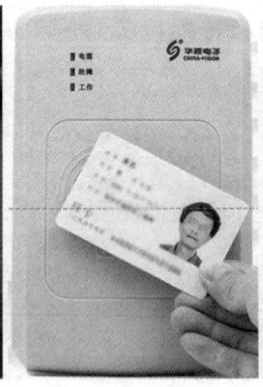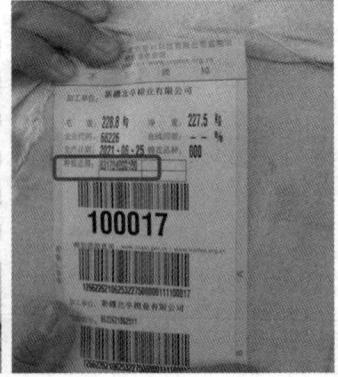

图 4-23　皮棉追溯码生成

6.棉花高质量生产流通监管平台

棉花高质量生产流通监管平台是以数字装备为支撑,通过采棉机车载监测系统、棉花预约交售系统、籽棉快速检测与一体化收购系统、棉膜自动识别与开膜技术装备和棉花质量追溯码信息采集与生成系统,有效破解棉花采收到加工各环节数据壁垒,实现棉花质量信息可追溯和有效监管。如图4-24所示。

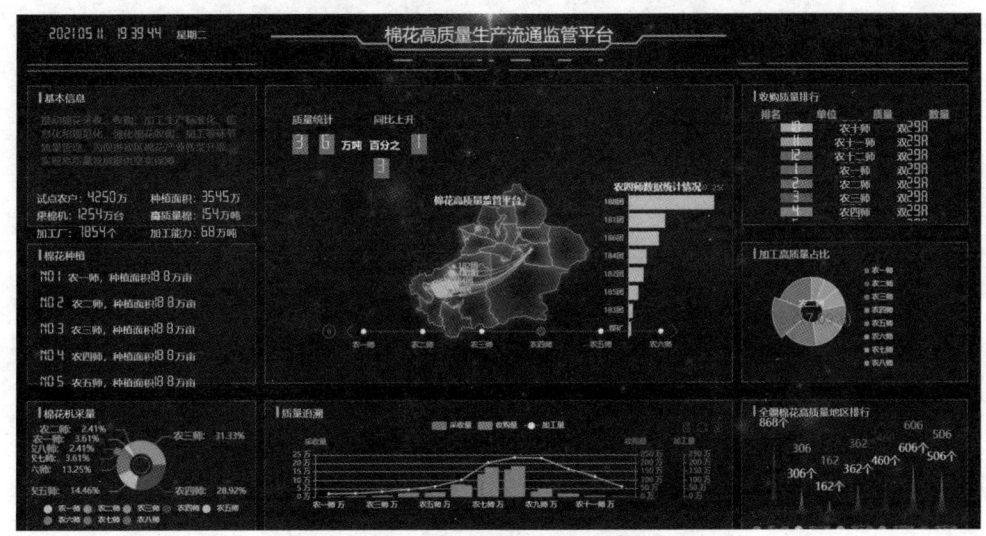

图4-24 棉花高质量生产流通监管平台

7.棉花质量追溯系统与目标价格政策信息平台无缝对接

棉花质量追溯系统与目标价格补贴平台无缝对接,为棉花质量价格补贴提供有效数据支撑,为自治区和兵团奖补政策提供客观依据,有效促进棉花生产产业链精准监管与新疆棉花高质量发展。

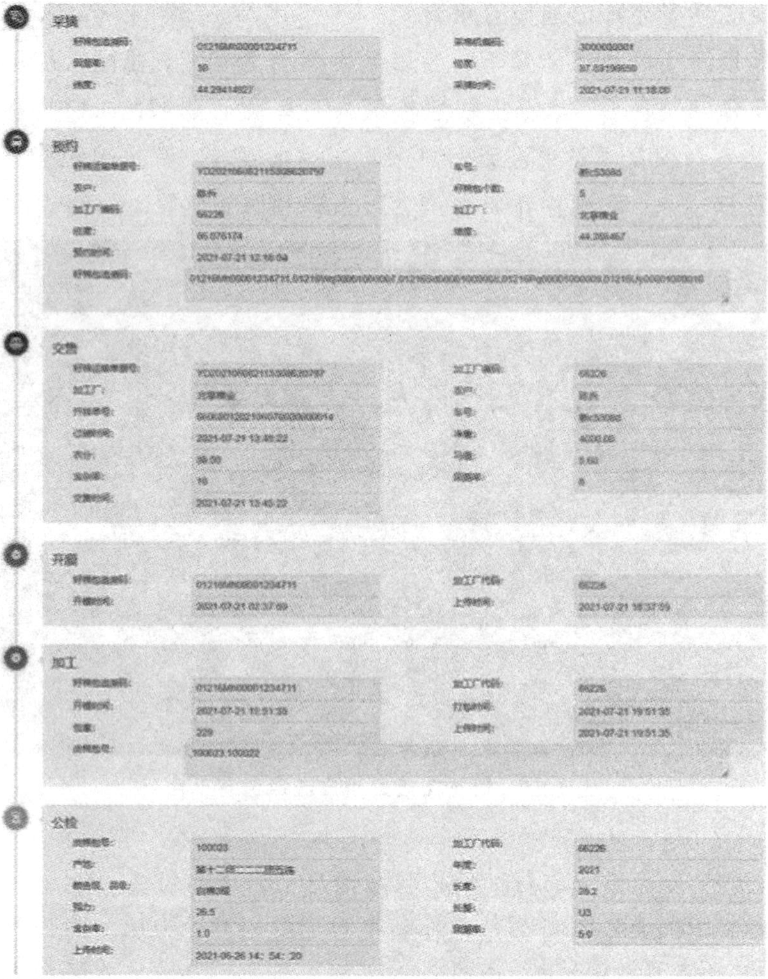

第 4 章　棉花加工报告

图 4-25　棉花质量追溯系统与目标价格政策信息平台对接

4.6.3 现场应用情况

为进一步贯彻落实《2021年度兵团棉花质量追溯试点实施方案》(兵市监发〔2021〕28号)，2021轧季，棉花质量追溯系统在兵团第八师银宏棉业、兵团第十二师北亭棉业等8家棉花加工企业进行了现场应用，累计追溯籽棉近22.5万吨。通过棉花质量追溯系统现场应用，实现了从采摘过程信息监测、籽棉质量快速检测与数字化收购、自动识码与开模喂花、皮棉成包与条码生成等环节信息的自动采集、关联与融合，使农户—籽棉—皮棉的"一码追溯"技术落地，并开展了小批量应用，系统整体操作方便、流畅，减少了人为因素影响，检测结果客观公正透明，同时，有效破解棉花采收到加工各环节数据壁垒，实现棉花质量信息可追溯和有效监管。

图 4-26　现场应用情况

4.6.4 发展趋势

2022 年，研发团队继续开展技术攻关，在现有系统基础上，结合现场应用过程中的实际需求，结合新的人工智能技术，进行优化结构设计，改进系统功能与操作流程，进行棉花质量追溯系统升级，继续助力新疆棉花产业高质量发展。

4.7 棉花包装材料与技术发展现状

棉花是我国的重要经济作物，棉花产业的健康稳定发展意义重大，新疆作为国内的主产棉区，2021 年棉花产量约 513 万吨，占全国总产量的 89.5%，折算 227 千克包型共 2308 万包，棉花包装聚酯捆扎带的使用率已达到 100%。棉花包装聚酯捆扎带通过多年的应用，优势日趋明显，随着生产技术的不断提升，工艺不断改进，产品质量不断提高，炸包率逐年下降。

4.7.1 棉花包装材料技术要求和加工企业质量评价标准

中国是棉花消费与生产大国，随着我国棉花加工机械化水平逐年提高，棉花包装材料加工行业也得到了迅猛发展。虽然产品技术水平、质量水平和企业

第4章 棉花加工报告

诚信意识得到了一定的提高,但是片面追求市场占有、降低产品标准、忽视产品质量等现象依然存在,破坏市场秩序,影响棉花包装整体形象及棉花质量,损害棉花包装品牌的信誉。

《棉花包装材料加工技术要求》GH/T 1340—2021 行业标准适用于棉花包装材料加工企业开展对棉花包装聚酯捆扎带、棉花包装用聚乙烯套袋、棉花包装纯棉包装袋以及棉花打包用镀锌钢丝的加工,规定了棉花包装材料在加工过程中的总体要求、加工要求、过程监控要求以及检验要求。

《棉花包装材料加工企业质量评价规范》GH/T 1339—2021 行业标准适用于政府部门、行业协会和第三方评价机构对棉花包装材料加工企业质量的评价,也可用于加工企业自我评价。标准规定了对棉花包装材料加工企业质量评价的评价原则、评价指标、评价方法、评价等级以及评价程序与要求的具体方法。

图 4-27 《棉花包装材料加工技术要求》和《棉花包装材料加工企业质量评价规范》两项标准首页

这两项标准的制定符合《中国制造 2025》"提升质量控制技术,完善质量管理机制,夯实质量发展基础,优化质量发展环境,努力实现制造业质量大幅提升"的要求;符合《2020 年全国标准化工作要点》"加大行业标准的整合优化力度,重点制定本行业的管理标准"的要求;符合《质量兴棉行动实施方案(2019—

2021)》"把质量做细、做精、做强,建立内部质量标准体系,做到产品加工的全过程标准化"的要求。

这两项标准的发布实施,与现有的国家强制性标准 GB 6975《棉花包装》、国家推荐标准 GB/T 32340《棉花包装 聚酯捆扎带》、GB/T 21530《棉花打包用镀锌钢丝》和行业标准 GH/T 1089－2013《棉花包装用聚乙烯套袋》相互支撑,填补了我国棉花包装材料加工技术要求标准的空白,可进一步提高棉花包装材料的质量管理水平,围绕棉花包装材料市场需求,从源头规范加工流程,改进工艺,提升关键技术指标,落实加工环节绿色环保低碳化的发展理念,完善加工过程粉尘、废水排放处理,加强质量管控,有效衡量企业质量管理能力,完善企业绩效评价机制和诚信体系,树立品牌意识,提升我国棉花包装的品牌影响力和竞争力,推动行业可持续健康发展。

4.7.2 《棉花包装 聚酯捆扎带》国家标准英文版

《棉花包装 聚酯捆扎带》(GB/T 32340－2015)国家推荐性标准于2015年12月31日发布,2016年7月1日实施。2017年12月,在全国棉花加工标准化技术委员会指导下组建标准外文版项目组,制定标准外文版的英文翻译方案和阶段性目标,依据《国家标准英文版翻译指南》、GB/T 20000.10－2016 和 GB/T 20000.11－2016 等组织翻译了标准的英文版草案,多次组织召开专家讨论会进行反复研讨论证,2019年12月20日通过了专家审查。2021年12月31日国家标准化管理委员会批准发布《棉花包装 聚酯捆扎带》GB/T 32340－2015外文版,主要应用于棉花包装领域的成包皮棉捆扎,棉包捆扎产品已在乌兹别克斯坦、哈萨克斯坦等国家普遍使用。

为了改变棉花包装质量较差的现状,乌兹别克斯坦棉花协会、棉花协会科学技术研究中心和塔什干轻纺研究所等机构的专家就棉花包装材料关键技术指标,做了大量调研、测试以及参数最优化等一系列项目研究工作,其间分别对来自中国、印度、比利时、俄罗斯和乌兹别克斯坦的聚酯捆扎带进行关键技术指标比对测试实验,结果显示,我国提供的包装材料技术指标达到最佳效果,一致认定我国的包装材料符合乌兹别克斯坦国家标准 O'z DSt－841 对棉花包装的要求。基于我国棉花包装材料在比对测试实验中的结果,乌兹别克斯坦积极邀请我国棉花标准化技术组织机构的专家参与修订标准,采纳 GB/T 32340－

第4章 棉花加工报告

2015中关键技术指标：聚酯捆扎带断裂强力不低于13000N，焊接点断裂强力不低于10000N。我国棉花包装聚酯捆扎带的高性能指标成为乌兹别克斯坦新的标准要求，这一工作得到了乌国总统府和内阁的充分肯定。经过修订后的乌兹别克斯坦棉花包装材料的新标准参数符合国际标准ISO 8115规定，符合中国棉花包装技术要求《棉花包装》GB 6975。

目前中亚、非洲等产棉国家都在进行棉花包装技术升级，我国的新型包装材料正在走向全球棉花包装市场，包装技术标准更受关注，《棉花包装 聚酯捆扎带》国家标准外文版标准的发布实施有助于标准的国际交流，是国家"十三五"规划、《标准联通共建"一带一路"行动计划（2018—2020年）》工作的具体实施，将进一步提高该标准的国际影响力，促进我国与"一带一路"沿线产棉国进行棉花包装材料的技术交流与标准体系对接，对推动我国棉花包装材料走向国际棉花包装市场发挥积极作用。

4.7.3 研制机采籽棉专用聚乙烯包装膜行业标准赋能棉花产业链

习近平总书记关于发展乡村产业链、提升价值链、打造供应链的重要指示精神，加快农业全产业链培育发展，为全面推进乡村振兴、加快农业农村现代化提供有力支撑。2021年，全国棉花总产量为573万吨，其中新疆棉花产量为513万吨，占据了全国总产量的89.5％，已经成为中国纺织服装业的根本基石，对我国国民经济以及国际纺织品市场具有极其重要的作用。在棉花产业发展进程中，随着生产成本的上升和劳动力短缺，农业部门一直将提高棉花生产全程机械化水平作为一项重点工作持续推进，在农机购置补贴、新型农机技术推广等方面出台一系列政策，为机械化采棉在新疆的发展创造了有利条件，机采率逐年提高，据统计，2021年全疆的棉花机采率达到87.7％。

图4-28 聚乙烯包装膜应用实例

作为国内主产棉区的新疆随着棉花机采率的不断提高，对其采集过程中压缩后籽棉的包装材料提出了更高的要求。通过近几年的技术改进，国内数十家企业生产的机采籽棉包装材料性能得到一定的提升，但是在实际使用过程中还是频繁出现包装材料质量问题导致"炸包"和包装褶皱、破损，污染了棉花，降低采收和籽棉运输效率的现象。2021年9—10月对机采籽棉包装材料的使用跟踪调研发现如下问题：

（1）机采籽棉包装材料性能指标无标准可依，质量参差不齐，质量好的包装材料炸包率低于0.1%，质量差的包装材料炸包率高于1%；

（2）机采籽棉包装材料厚度出现0.06mm，导致强度及拉伸率下降；

（3）机采籽棉包装材料的封口材料不能适应新疆的极寒极热的自然环境；

（4）为保证籽棉包装材料的质量，仍需大量进口产品以满足市场的需要，增加了生产成本。

对调研过程中发现的问题进行分析显示，机采籽棉包装材料的整体长度宜不低于21m，其中有黏性区域不低于9m，厚度宜不低于0.073mm，横向及纵向屈服力宜不低于22N，横向及纵向延伸率不低于700%，宜选择适应-20℃—50℃使用的封口材料。

2021年8月20日，中华全国供销合作总社办公厅下达了关于《机采籽棉专用聚乙烯包装膜》的行业标准制订计划，项目编号为2021GH-ZD-19。

该标准的制定符合《中国制造2025》"加强关键核心技术攻关，加速科技成果产业化，提高关键环节和重点领域的创新能力"的要求。

该标准的制定符合国家标准化管理委员会《2021年全国标准化工作要点》"关键基础材料、先进基础工艺'瓶颈'，强化关键环节、关键领域、关键产品的技术攻关和标准研制"的要求。

该标准的制定符合中华全国供销合作总社《2021年供销合作社归口标准体系与行业品牌建设项目》供销合作行业标准制定中"围绕农产品生产流通加工等领域，强化标准研制"的要求。

因此，我国需加快棉花产业机械化进程，积极推进集约化、标准化、生态化的生产模式，亟须完善标准体系和制定相关标准。《机采籽棉专用聚乙烯包装膜》标准的制定将规范机采籽棉包装，提高生产效率，保障机采籽棉的运输与储存安全，逐步替代国外进口，为中国棉花产业链赋能，推进棉花产业向高质量发展,实现中国棉花从弱到强的转变。

4.8 小结

本章主要由全国棉花加工标准化技术委员会提供,相关内容分别由中国棉花协会棉花工业分会、全国棉花加工标准化技术委员会、中华全国供销合作总社郑州棉麻工程技术设计研究所、中华棉花集团有限公司、北京智棉科技有限公司、山东天鹅股份有限公司、石河子大学、邯郸润棉机械制造有限公司、南通棉花机械有限公司、南通御丰塑钢包装有限公司和新疆晨光生物科技集团有限公司等相关人员主笔撰写,由安徽财经大学周万怀老师负责整理和完善。在此,对相关人员及单位一并致以衷心的感谢!

第 5 章 产业研究动态

5.1 科研项目

5.1.1 总体情况简介

基于国家自然基金委网站和 LetPub 科学基金查询系统，以"棉花"为关键词检索了 2020—2021 年度国家级涉棉科学研究项目立项资助情况，如表 5-1 所示。2020 年度共立项 40 项，资助金额共 1849 万元，其中联合基金项目 2 项（资助金额 323 万）、面上项目 15 项（资助金额 871 万元）、青年科学基金项目 14 项（资助金额 336 万元）、地区科学基金项目 9 项（资助金额 319 万元）。2021 年度共立项 44 项，资助金额共 2288 万元，其中重点项目 1 项（资助金额 282 万元）、国际（地区）合作与交流项目 1 项（资助金额 253 万元）、面上项目 16 项（资助金额 930 万元）、青年科学基金项目 16 项（资助金额 480 万元）、地区科学基金项目 10 项（资助金额 343 万元）；综合来看，2021 年度相较于 2020 年度立项数量和资助金额分别增加 10.00% 和 23.74%。

表 5-1 2020—2021 年度国家级涉棉科研项目概况

序号	基金名称	单位	金额（万元）	项目类型	批准年份
1	基于图谱融合的棉花氮素亏缺早期诊断机理研究	石河子大学	35	地区科学基金项目	2020
2	GhSAPA07 调控棉花子指的分子机制研究	西南大学	24	青年科学基金项目	2020
3	GhTAC1 基因调控棉花果枝夹角的机制研究	新疆农业科学院	35	地区科学基金项目	2020
4	GhHRK 基因增强棉花花粉高温耐性的调控网络解析	华中农业大学	58	面上项目	2020

第5章 产业研究动态

续表

序号	基金名称	单位	金额(万元)	项目类型	批准年份
5	GhCIPK23调控棉花响应缺钾胁迫的作用机制研究	河南大学	58	面上项目	2020
6	棉花抗黄萎病漆酶基因GhLac15的分子机制研究	河北农业大学	58	面上项目	2020
7	基于CWSI的棉花精准灌溉及水分利用机制研究	中国农业科学院棉花研究所	24	青年科学基金项目	2020
8	着丝粒可塑性在棉花远缘杂交中的作用机制研究	福建农林大学	58	面上项目	2020
9	构建棉花泛基因组图谱剖析纤维驯化和改良的遗传基础	华中农业大学	24	青年科学基金项目	2020
10	GhPYL8在棉花抗旱中的功能及其抗旱分子机理研究	湖北师范大学	24	青年科学基金项目	2020
11	棉花GhDMT9响应干旱胁迫的DNA甲基化调控机制研究	中国农业科学院棉花研究所	24	青年科学基金项目	2020
12	DPC浸种诱导ABA调控棉花种子抗氧化能力的耐盐机制	中国农业科学院棉花研究所	24	青年科学基金项目	2020
13	着丝粒可塑性在棉花远缘杂交中的作用机制研究	南通大学	58	面上项目	2020
14	应用动态气孔模型解析干旱条件下的棉花碳水利用机制	浙江大学	58	联合基金项目	2020
15	棉花生产机械的多源信息融合导航与复合路径跟踪控制	华南农业大学	58	面上项目	2020
16	GhDREB1与GhNAC029协同调控棉花低温响应的机制研究	中国农业科学院棉花研究所	58	面上项目	2020
17	GhSK66与GhGRS1互作调控棉花侧枝发育机制的研究	中国农业科学院棉花研究所	24	青年科学基金项目	2020
18	棉花叶片向日性运动适应水分亏缺的生理机制研究	石河子大学	58	面上项目	2020
19	多倍体进化过程中棉花幼苗下胚轴向光弯曲的调控机制解析	河南大学	58	面上项目	2020

续表

序号	基金名称	单位	金额(万元)	项目类型	批准年份
20	Rf1调控棉花细胞质雄性不育性恢复的分子机制解析	中国农业科学院生物技术研究所	58	面上项目	2020
21	组蛋白去甲基化酶GhJMJ12调控棉花纤维伸长的分子机制	河南农业大学	24	青年科学基金项目	2020
22	膜下滴灌盐胁迫农田水氮耦合作用下的棉花生长模型研究	西安理工大学	24	青年科学基金项目	2020
23	棉花体胚发生蛋白动态表达特征与相关应答因子的调控机理解析	山东农业大学	24	青年科学基金项目	2020
24	丝裂原活化蛋白激酶MPK3/6调控棉花纤维发育的分子机制研究	安徽农业大学	24	青年科学基金项目	2020
25	BeYDV病毒介导的CRISPR/Cas9定点插入体系在棉花中的建立及鉴定	新疆农业科学院	35	地区科学基金项目	2020
26	组蛋白去乙酰化酶GhHDA6调控棉花开花期的分子机制	中国农业科学院棉花研究所	59	面上项目	2020
27	南疆棉花黄萎病与缺氮高光谱区分机理与无人机遥感监测研究	塔里木大学	34	地区科学基金项目	2020
28	棉花质核同源与质核异源雄性不育系的质核互作效应	广西大学	35	地区科学基金项目	2020
29	GhZFP8和GhBLH1调控赤霉素介导的棉花纤维发育的分子机制研究	陕西师范大学	58	面上项目	2020
30	硒代碳量子点调控K^+外排通道蛋白提高棉花耐盐的机理研究	华中农业大学	58	面上项目	2020
31	棉花lncRNA在BR介导的纤维伸长调控中的模块化鉴定和功能初步探索	扬州大学	24	青年科学基金项目	2020
32	脱叶催熟技术影响棉花光合产物转运及铃重——品质协同提高的生理机制	石河子大学	35	地区科学基金项目	2020

第 5 章 产业研究动态

续表

序号	基金名称	单位	金额(万元)	项目类型	批准年份
33	棉花黄萎病菌GH6纤维素酶致病及诱导植物免疫反应的分子机制研究	石河子大学	35	地区科学基金项目	2020
34	面向棉花膜下滴灌水肥均匀性的施肥挤压驱动机构优化与水肥脉动性控制研究	石河子大学	35	地区科学基金项目	2020
35	在棉花纤维中操作类胡萝卜素途径创建新型彩色棉材料及相关机制研究	西南大学	265	联合基金项目	2020
36	棉花陆海渐渗系纤维强度形成的遗传网络解析与重要位点候选基因的功能验证	中国农业科学院棉花研究所	58	面上项目	2020
37	棉花纤维长度主效QTL（qFLA02）候选基因GhLTPG5的功能鉴定与调控机理解析	青岛农业大学	24	青年科学基金项目	2020
38	基于氢氧同位素的降水对盐碱地棉花用水策略及土壤水盐运移的影响	中国科学院地理科学与资源研究所	24	青年科学基金项目	2020
39	棉花负载有机—无机超分子复合可见光催化剂及其在有机合成中的应用研究	南昌大学	40	地区科学基金项目	2020
40	麦秸还田化感物质pHBA影响硝态氮/激素信号互作抑制棉花根系生长的生理与分子机制	江苏省农业科学院	58	面上项目	2020
41	棉花感病SWEETs基因参与棉花对黄萎病菌抗性调控机制研究	石河子大学	35	地区科学基金项目	2021
42	棉花重要QTL簇qClu－chr13－2候选基因控制棉花纤维品质的分子机制研究	中国农业科学院棉花研究所	30	青年科学基金项目	2021
43	根系皮层衰老及代谢对棉花早衰的影响机理	河北农业大学	58	面上项目	2021
44	棉花"价格保险＋期货"试点评估、机理探索与政策优化	石河子大学	28	地区科学基金项目	2021
45	编辑GoSP创制棉花遗传研究和育种利用的新材料	浙江大学	30	青年科学基金项目	2021
46	部分根区灌溉促进棉花灌水区根系水分吸收的机理	山东省农业科学院	58	面上项目	2021

续表

序号	基金名称	单位	金额(万元)	项目类型	批准年份
47	棉花子叶色素腺体延缓形成的分子调控机理研究	浙江大学	30	青年科学基金项目	2021
48	新疆棉花产量形成对无膜深层滴灌的响应机制	石河子大学	35	地区科学基金项目	2021
49	链轨式棉花膜上穴播机构延时成穴投种机理研究	新疆农垦科学院	30	青年科学基金项目	2021
50	高温对新疆膜下滴灌棉花光合蒸腾过程影响机理研究	中国气象局乌鲁木齐沙漠气象研究所	30	青年科学基金项目	2021
51	GbNOT2调控miRNA合成增加棉花对黄萎病抗性的分子机理	中国农业科学院棉花研究所	30	青年科学基金项目	2021
52	GhJAZ11－GhEIN3－GhDEL65调控棉花纤维伸长的分子机制	新疆师范大学	35	地区科学基金项目	2021
53	肌球蛋白GhXI－K驱动棉花纤维极性伸长的分子机制	中国农业科学院棉花研究所	58	面上项目	2021
54	棉花泛三维基因组图谱构建和转录调控进化研究	华中农业大学	58	面上项目	2021
55	大丽轮枝菌分泌蛋白VdEXG调控棉花免疫反应的分子机制	新疆农业科学院	35	地区科学基金项目	2021
56	棉花抗黄萎病主效QTL(qVW_D05.1)的克隆和功能验证	中国农业科学院棉花研究所	58	面上项目	2021
57	GhERF7调控自噬活性提高棉花抗旱性的机制	中国农业科学院棉花研究所	58	面上项目	2021
58	棉花类受体胞质激酶GhRLCK1调控纤维品质的机理研究	西南大学	58	面上项目	2021
59	GhXB32基因对棉花黄萎病抗性的调控作用及其分子机制研究	南京农业大学	58	面上项目	2021
60	棉花纤维素合酶CesA的Cryo－EM结构和功能解析	华中农业大学	59	面上项目	2021

第5章 产业研究动态

续表

序号	基金名称	单位	金额(万元)	项目类型	批准年份
61	转录因子GhGRF1在棉花纤维伸长中的功能及分子机制研究	河南农业大学	30	青年科学基金项目	2021
62	棉花类萌发素蛋白基因GhGLP4调控雄蕊发育的分子机理研究	浙江理工大学	30	青年科学基金项目	2021
63	GhSTG介导的油菜素内酯(BRs)调控棉花抗旱性作用机制的研究	河南科技学院	30	青年科学基金项目	2021
64	GbGELP113基因参与水杨酸信号通路响应棉花盐胁迫机制研究	安阳工学院	30	青年科学基金项目	2021
65	新疆棉花膜下亏缺灌溉节水效益的时空变化和灌溉制度优化	西北农林科技大学	30	青年科学基金项目	2021
66	受驯化的棉花光周期开花基因的图位克隆及功能验证	浙江大学	58	面上项目	2021
67	热激蛋白HSP40(GhDNAJ1)调控棉花抗黄萎病机制的研究	中国农业科学院棉花研究所	58	面上项目	2021
68	齿形侧充式棉花精量穴播器高速排种机理研究与参数优化	石河子大学	35	地区科学基金项目	2021
69	糖转运蛋白基因在棉花黄萎病菌致病中的作用及分子机制研究	石河子大学	35	地区科学基金项目	2021
70	海岛棉GbOsmotin34参与棉花黄萎病抗性的功能解析及其调控机制	南京农业大学	58	面上项目	2021
71	棉花花生换位间作通过根际微生物调控作物群体光合的增产机制	山东农业工程学院	30	青年科学基金项目	2021
72	GhMAPKKK15介导的棉花抗黄萎病MAPK信号级联通路的解析研究	新疆农业大学	35	地区科学基金项目	2021
73	Mn3O4纳米拟酶提高棉花抗旱性的生理分子机制	中国农业大学	253	国际(地区)合作与交流项目	2021
74	GhCBL1-GhCIPK6D1信号系统调控棉花抗旱性的分子机理研究	华中农业大学	59	面上项目	2021

续表

序号	基金名称	单位	金额(万元)	项目类型	批准年份
75	温度对新疆棉花黄萎病流行性的影响机理与动态模拟模型的构建	中国科学院大气物理研究所	58	面上项目	2021
76	基于无人机热红外/高光谱图像的南疆棉花黄萎病早期监测与预测预报研究	塔里木大学	30	青年科学基金项目	2021
77	qFL9位点调控棉花纤维细胞壁多糖合成和长度的机理解析	华中农业大学	30	青年科学基金项目	2021
78	基于SDM和DSSAT模型的新疆棉花适生区分布迁移和产量变化预测研究	石河子大学	35	地区科学基金项目	2021
79	乙烯响应转录因子AP2/ERF同时调控棉花衣分和结铃性的分子机理	浙江大学	282	重点项目	2021
80	囊泡膜蛋白相关蛋白GhVAP1在棉花纤维发育中的功能和调控机制研究	中国农业科学院棉花研究所	30	青年科学基金项目	2021
81	枝孢菌—媒介棉蚜和花蓟马引起棉花"僵铃和裂铃"的成因及其致害机制解析	石河子大学	35	地区科学基金项目	2021
82	棉花受体激酶Gh-LYK2胞外域脱落小肽介导内质网应激抗黄萎病的机制解析	江苏省农业科学院	58	面上项目	2021
83	一种纳米杂化型甲哌鎓在棉花中的顶端迁移特性及封顶机理的示踪研究	中国农业科学院农业环境与可持续发展研究所	30	青年科学基金项目	2021
84	棉花色素腺体相关CRISPR突变体库的构建及CGP基因调控腺体发育和功能的分子机制	河南大学	58	面上项目	2021

第 5 章 产业研究动态

5.1.2 主要涉棉科研机构概况

基于表 5-1 统计了 2020—2021 年度全国涉棉科研单位所获得的国家级科学研究项目情况,结果见表 5-2。可以看出,从立项数量方面来说,中国农业科学院棉花研究所和石河子大学位于涉棉科学研究的第一梯队,立项数量遥遥领先,华中农业大学、浙江大学、河南大学、西南大学和新疆农业科学院位于第二梯队,获得三项或三项以上的基金项目,河北农业大学、河南农业大学、江苏省农业科学院、南京农业大学和塔里木大学位于第三梯队,均获得 2 项基金项目,其他单位在棉花领域的研究具有一定的偶然性;从获得资助的经费规模来看,超过 400 万元的单位有中国农业科学院棉花研究所、浙江大学和石河子大学,300 万—400 万元的单位有华中农业大学和西南大学,200 万—300 万元的单位仅有中国农业大学,其他均在 200 万元以下。从以上分析结果可以看出,涉棉科研主体以农业类高校和农科院下属科研院所为主,部分综合类高校依托优势学科也有所介入。

表 5-2 2020—2021 年度国家级涉棉项目立项单位概况

序号	基金名称	所属地区	经费(万元)	数量(项)
1	中国农业科学院棉花研究所	河南	593	14
2	石河子大学	新疆	436	12
3	华中农业大学	湖北	346	7
4	浙江大学	浙江	458	5
5	西南大学	重庆市	347	3
6	河南大学	河南	174	3
7	新疆农业科学院	新疆	105	3
8	河北农业大学	河北	116	2
9	江苏省农业科学院	江苏	116	2
10	南京农业大学	江苏	116	2
11	塔里木大学	新疆	64	2
12	河南农业大学	河南	54	2
13	中国农业大学	北京	253	1

续表

序号	基金名称	所属地区	经费(万元)	数量(项)
14	福建农林大学	福建	58	1
15	华南农业大学	广东	58	1
16	南通大学	江苏	58	1
17	山东省农业科学院	山东	58	1
18	陕西师范大学	陕西	58	1
19	中国科学院大气物理研究所	北京	58	1
20	中国农业科学院生物技术研究所	北京	58	1
21	南昌大学	江西	40	1
22	广西大学	广西	35	1
23	新疆农业大学	新疆	35	1
24	新疆师范大学	新疆	35	1
25	安阳工学院	河南	30	1
26	河南科技学院	河南	30	1
27	山东农业工程学院	山东	30	1
28	西北农林科技大学	陕西	30	1
29	新疆农垦科学院	新疆	30	1
30	浙江理工大学	浙江	30	1
31	中国农业科学院农业环境与可持续发展研究所	北京	30	1
32	中国气象局乌鲁木齐沙漠气象研究所	新疆	30	1
33	安徽农业大学	安徽	24	1
34	湖北师范大学	湖北	24	1
35	青岛农业大学	山东	24	1
36	山东农业大学	山东	24	1
37	西安理工大学	陕西	24	1
38	扬州大学	江苏	24	1
39	中国科学院地理科学与资源研究所	北京	24	1

第5章 产业研究动态

图 5-1 以词云的方式展示了涉棉科研单位在国家级科研项目中的比重。结合 5.1.1 节和 5.1.2 节中的已有分析可以看出,从获得国家级项目资助的数量和资助额度来看,中国农业科学院棉花研究所和石河子大学是我国涉棉科学研究的排头兵。

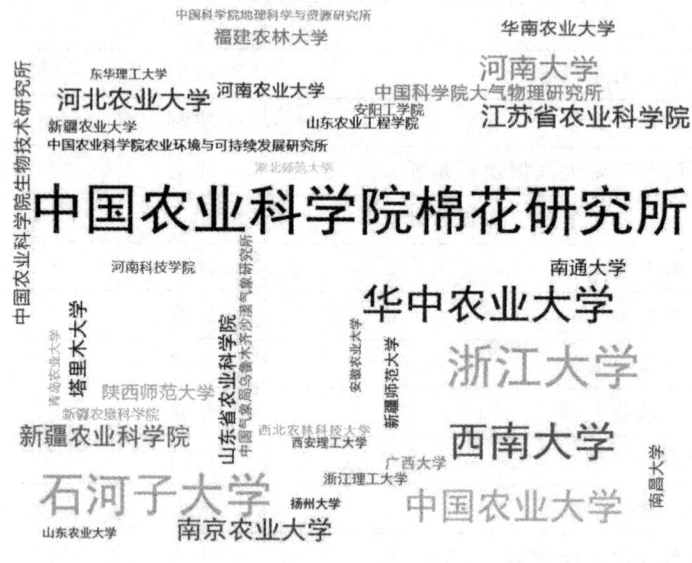

图 5-1 2020—2021 年涉棉科研单位比重

基于表 5-2 进一步分析涉棉科研项目的地域分布情况,结果见表 5-3。可以看出,全国累计 15 个省、自治区或直辖市获得国家级涉棉科研项目资助。从立项数量方面来说,河南和新疆以 21 项居首位,传统产棉大省湖北和山东分别以 8 项和 4 项位居第 2 和第 5 位,浙江、北京、湖北和江苏均超过 5 项;从资助经费额度来看,河南以 881 万元位居首位,新疆以 735 万元位居第二,浙江以 488 万元位居第三,北京、湖北、重庆和江苏获得经费资助额度超过 300 万元,山东、陕西和河北获得资助额度超 100 万元,其他省份获得的资助额度均在 100 万元以下。

表 5-3 2020—2021 年度国家级涉棉项目省域分布概况

序号	所属地区	经费(万元)	数量(项)
1	河南	881	21
2	新疆	735	21
3	湖北	370	8
4	浙江	488	6
5	江苏	314	6
6	北京	423	5
7	山东	136	4
8	重庆市	347	3
9	陕西	112	3
10	河北	116	2
11	江西	40	1
12	福建	58	1
13	广东	58	1
14	广西	35	1
15	安徽	24	1

从以上分析可以看出，涉棉科学研究具有明显的区位特征和产业关联度，即相关科学研究以棉花主产区的相关高校和研究机构为主体，如图 5-2 所示。（尽管北京并非棉花主产区，但因中国农业科学院以及中国农业大学均位处北京，因此其获得的研究项目数量和资助规模均较高）。

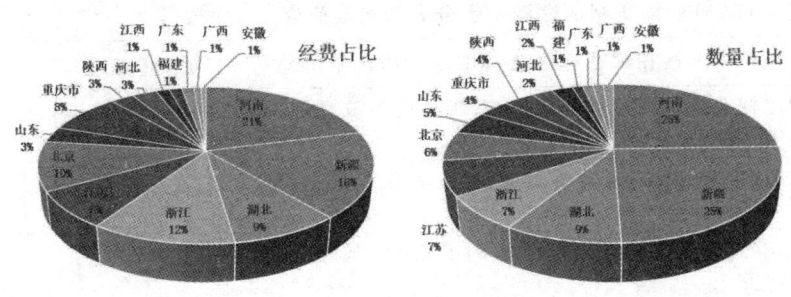

图 5-2 2020—2021 年度涉棉科研单位项目数量及经费额度占比

5.1.3 主要研究内容概况

棉花产业链长、涉及面广,可以根据先后顺序依次将完整棉花产业链划分为育种、栽培、植保(田间管理阶段)、收获、初加工、检测、仓储、物流以及深加工9个阶段,其中深加工与纺织、制造和棉副产业关系更加紧密,本文不做讨论。将表5-1中所列项目依次归类到上述前9个阶段,结果如表5-4所示。可以看出,2020年立项的40个项目中,28个项目的研究内容属于棉花育种阶段,累计科研投入为1348万元;7个项目的研究内容属于植保阶段,累计科研投入为269万元;而位于产业链中、后期的收获、初加工、仓储和物流阶段无任何对应科研项目立项。2021年立项的44个项目中,29个项目的研究内容属于育种阶段,累计科研投入为1708万元,较2020年上涨26.7%;8个项目的研究内容属于植保阶段,累计科研投入为357万元,较2020年增加32.7%;6个项目的研究内容属于栽培阶段,累计科研投入为195万元,而初加工、仓储和物流阶段仍无任何对应科研项目立项。

表5-4　2020—2021年棉花产业链不同阶段科研概况

序号	基金名称	阶段	金额(万元)	批准年份
1	基于图谱融合的棉花氮素亏缺早期诊断机理研究	植保	35	2020
2	GhSAPA07调控棉花子指的分子机制研究	育种	24	2020
3	GhTAC1基因调控棉花果枝夹角的机制研究	育种	35	2020
4	GhHRK基因增强棉花花粉高温耐性的调控网络解析	育种	58	2020
5	GhCIPK23调控棉花响应缺钾胁迫的作用机制研究	育种	58	2020
6	棉花抗黄萎病漆酶基因GhLac15的分子机制研究	育种	58	2020
7	基于CWSI的棉花精准灌溉及水分利用机制研究	植保	24	2020
8	着丝粒可塑性在棉花远缘杂交中的作用机制研究	育种	58	2020
9	构建棉花泛基因组图谱剖析纤维驯化和改良的遗传基础	育种	24	2020
10	GhPYL8在棉花抗旱中的功能及其抗旱分子机理研究	育种	24	2020
11	棉花GhDMT9响应干旱胁迫的DNA甲基化调控机制研究	育种	24	2020

续表

序号	基金名称	阶段	金额(万元)	批准年份
12	DPC 浸种诱导 ABA 调控棉花种子抗氧化能力的耐盐机制	育种	24	2020
13	着丝粒可塑性在棉花远缘杂交中的作用机制研究	育种	58	2020
14	应用动态气孔模型解析干旱条件下的棉花碳水利用机制	植保	58	2020
15	棉花生产机械的多源信息融合导航与复合路径跟踪控制	检测	58	2020
16	GhDREB1 与 GhNAC029 协同调控棉花低温响应的机制研究	育种	58	2020
17	GhSK66 与 GhGRS1 互作调控棉花侧枝发育机制的研究	育种	24	2020
18	棉花叶片向日性运动适应水分亏缺的生理机制研究	植保	58	2020
19	多倍体进化过程中棉花幼苗下胚轴向光弯曲的调控机制解析	检测	58	2020
20	Rf1 调控棉花细胞质雄性不育性恢复的分子机制解析	育种	58	2020
21	组蛋白去甲基化酶 GhJMJ12 调控棉花纤维伸长的分子机制	育种	24	2020
22	膜下滴灌盐胁迫农田水氮耦合作用下的棉花生长模型研究	植保	24	2020
23	棉花体胚发生蛋白动态表达特征与相关应答因子的调控机理解析	育种	24	2020
24	丝裂原活化蛋白激酶 MPK3/6 调控棉花纤维发育的分子机制研究	育种	24	2020
25	BeYDV 病毒介导的 CRISPR/Cas9 定点插入体系在棉花中的建立及鉴定	育种	35	2020
26	组蛋白去乙酰化酶 GhHDA6 调控棉花开花期的分子机制	育种	59	2020
27	南疆棉花黄萎病与缺氮高光谱区分机理与无人机遥感监测研究	检测	34	2020
28	棉花质核同源与质核异源雄性不育系的质核互作效应	育种	35	2020
29	GhZFP8 和 GhBLH1 调控赤霉素介导的棉花纤维发育的分子机制研究	育种	58	2020
30	硒代碳量子点调控 K^+ 外排通道蛋白提高棉花耐盐的机理研究	育种	58	2020

第5章 产业研究动态

续表

序号	基金名称	阶段	金额(万元)	批准年份
31	棉花 lncRNA 在 BR 介导的纤维伸长调控中的模块化鉴定和功能初步探索	育种	24	2020
32	脱叶催熟技术影响棉花光合产物转运及铃重——品质协同提高的生理机制	植保	35	2020
33	棉花黄萎病菌 GH6 纤维素酶致病及诱导植物免疫反应的分子机制研究	育种	35	2020
34	面向棉花膜下滴灌水肥均匀性的施肥挤压驱动机构优化与水肥脉动性控制研究	植保	35	2020
35	在棉花纤维中操作类胡萝卜素途径创建新型彩色棉材料及相关机制研究	育种	265	2020
36	棉花陆海渐渗系纤维强度形成的遗传网络解析与重要位点候选基因的功能验证	育种	58	2020
37	棉花纤维长度主效 QTL（qFLA02）候选基因 GhLTPG5 的功能鉴定与调控机理解析	育种	24	2020
38	基于氢氧同位素的降水对盐碱地棉花用水策略及土壤水盐运移的影响	栽培	24	2020
39	棉花负载有机—无机超分子复合可见光催化剂及其在有机合成中的应用研究	育种	40	2020
40	麦秸还田化感物质 pHBA 影响硝态氮/激素信号互作抑制棉花根系生长的生理与分子机制	栽培	58	2020
41	棉花感病 SWEETs 基因参与棉花对黄萎病菌抗性调控机制研究	育种	35	2021
42	棉花重要 QTL 簇 qClu－chr13－2 候选基因控制棉花纤维品质的分子机制研究	育种	30	2021
43	根系皮层衰老及代谢对棉花早衰的影响机理	植保	58	2021
44	棉花"价格保险＋期货"试点评估、机理探索与政策优化	物流	28	2021
45	编辑 GoSP 创制棉花遗传研究和育种利用的新材料	育种	30	2021
46	部分根区灌溉促进棉花灌水区根系水分吸收的机理	植保	58	2021
47	棉花子叶色素腺体延缓形成的分子调控机理研究	育种	30	2021
48	新疆棉花产量形成对无膜深层滴灌的响应机制	栽培	35	2021
49	链轨式棉花膜上穴播机构延时成穴投种机理研究	栽培	30	2021
50	高温对新疆膜下滴灌棉花光合蒸腾过程影响机理研究	栽培	30	2021

续表

序号	基金名称	阶段	金额(万元)	批准年份
51	GbNOT2调控miRNA合成增加棉花对黄萎病抗性的分子机理	育种	30	2021
52	GhJAZ11－GhEIN3－GhDEL65调控棉花纤维伸长的分子机制	育种	35	2021
53	肌球蛋白GhXI－K驱动棉花纤维极性伸长的分子机制	育种	58	2021
54	棉花泛三维基因组图谱构建和转录调控进化研究	育种	58	2021
55	大丽轮枝菌分泌蛋白VdEXG调控棉花免疫反应的分子机制	育种	35	2021
56	棉花抗黄萎病主效QTL(qVW_D05.1)的克隆和功能验证	育种	58	2021
57	GhERF7调控自噬活性提高棉花抗旱性的机制	育种	58	2021
58	棉花类受体胞质激酶GhRLCK1调控纤维品质的机理研究	育种	58	2021
59	GhXB32基因对棉花黄萎病抗性的调控作用及其分子机制研究	育种	58	2021
60	棉花纤维素合酶CesA的Cryo－EM结构和功能解析	育种	59	2021
61	转录因子GhGRF1在棉花纤维伸长中的功能及分子机制研究	育种	30	2021
62	棉花类萌发素蛋白基因GhGLP4调控雄蕊发育的分子机理研究	育种	30	2021
63	GhSTG介导的油菜素内酯(BRs)调控棉花抗旱性作用机制的研究	育种	30	2021
64	GbGELP113基因参与水杨酸信号通路响应棉花盐胁迫机制研究	育种	30	2021
65	新疆棉花膜下亏缺灌溉节水效益的时空变化和灌溉制度优化	植保	30	2021
66	受驯化的棉花光周期开花基因的图位克隆及功能验证	植保	58	2021
67	热激蛋白HSP40(GhDNAJ1)调控棉花抗黄萎病机制的研究	育种	58	2021
68	齿形侧充式棉花精量穴播器高速排种机理研究与参数优化	栽培	35	2021
69	糖转运蛋白基因在棉花黄萎病菌致病中的作用及分子机制研究	育种	35	2021

第5章 产业研究动态

续表

序号	基金名称	阶段	金额(万元)	批准年份
70	海岛棉 GbOsmotin34 参与棉花黄萎病抗性的功能解析及其调控机制	育种	58	2021
71	棉花花生换位间作通过根际微生物调控作物群体光合的增产机制	栽培	30	2021
72	GhMAPKKK15 介导的棉花抗黄萎病 MAPK 信号级联通路的解析研究	育种	35	2021
73	Mn3O4 纳米拟酶提高棉花抗旱性的生理分子机制	育种	253	2021
74	GhCBL1－GhCIPK6D1 信号系统调控棉花抗旱性的分子机理研究	育种	59	2021
75	温度对新疆棉花黄萎病流行性的影响机理与动态模拟模型的构建	植保	58	2021
76	基于无人机热红外/高光谱图像的南疆棉花黄萎病早期监测与预测预报研究	植保	30	2021
77	qFL9 位点调控棉花纤维细胞壁多糖合成和长度的机理解析	育种	30	2021
78	基于 SDM 和 DSSAT 模型的新疆棉花适生区分布迁移和产量变化预测研究	栽培	35	2021
79	乙烯响应转录因子 AP2/ERF 同时调控棉花衣分和结铃性的分子机理	育种	282	2021
80	囊泡膜蛋白相关蛋白 GhVAP1 在棉花纤维发育中的功能和调控机制研究	育种	30	2021
81	枝孢菌—媒介棉蚜和花蓟马引起棉花"僵铃和裂铃"的成因及其致害机制解析	植保	35	2021
82	棉花受体激酶 Gh－LYK2 胞外域脱落小肽介导内质网应激抗黄萎病的机制解析	育种	58	2021
83	一种纳米杂化型甲哌鎓在棉花中的顶端迁移特性及封顶机理的示踪研究	植保	30	2021
84	棉花色素腺体相关 CRISPR 突变体库的构建及 CGP 基因调控腺体发育和功能的分子机制	育种	58	2021

　　以上分析结果表明在涉棉科学研究方面，在育种和植保环节投入的资源较多，而在收获、加工、仓储和物流阶段的投入严重不足，图 5-3 更加直观地体现了不同阶段科研投入的差距，这也往往导致田间生产出了好的产品，但在初加工之后的阶段品质未能得到很好的保持，甚至遭到破坏的现象屡见不鲜。

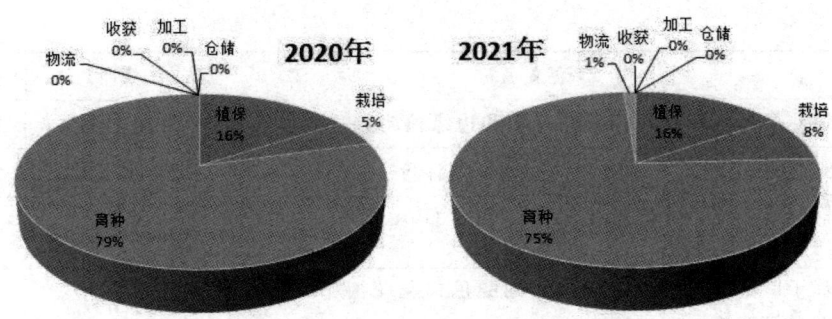

图 5-3　2020—2021 年度涉棉科研项目阶段占比

5.2 论文发表

5.2.1 总体情况简介

本节从公开发表的学术论文角度分析近两年涉棉科研动态。使用中国知网文献检索平台检索 2021—2022 年度与"棉花"相关并且具有省部级以上基金项目支持的学术论文，累计检索到相关论文 829 篇（博士学位论文 7 篇，硕士学位论文 74 篇，会议论文 6 篇，期刊论文 742 篇），其中 2021 年全年发表涉棉学术论文 584 篇、2022 年前七个半月发表涉棉科研论文 245 篇，相比 2021 年同期下降 29.4％。表 5-5 中详细列举了棉花领域权威期刊刊载的论文情况。

表 5-5　2021—2022 年度涉棉论文发表概况

序号	论文名称	期刊	年份
1	棉花在盐碱胁迫下代谢产物及通路的分析	作物学报	2021
2	不同间套作模式对棉花产量和生物量累积、分配的影响	作物学报	2021
3	我国棉花期货与现货价格的动态关联度分析	棉花科学	2021
4	基于 SWOT 分析的江西棉花产业发展现状与对策	棉花科学	2021
5	基于 PLC 的棉花膜下精量灌溉施肥控制系统设计	农机化研究	2021
6	降解膜与 PE 膜对棉花产量及构成因素的影响	棉花科学	2021
7	耐盐抗旱优质高产棉花新品种"衡棉 1670"的选育研究	农学学报	2021

第5章 产业研究动态

续表

序号	论文名称	期刊	年份
8	棉花中异性纤维检测图像分割和边缘检测方法研究进展	纺织学报	2021
9	80份棉花种质资源的育种应用价值评价	农学学报	2021
10	棉花类表皮特异性分泌糖蛋白基因GhA01EP1的克隆和功能分析	棉花学报	2021
11	基于广泛靶向代谢组学的不同颜色棉花花瓣中类黄酮成分差异分析	棉花学报	2021
12	甲哌鎓通过调节棉花叶片水分平衡和光合性能提高苗期耐旱性的生理机制	棉花学报	2021
13	棉花HDAC基因家族鉴定及其在黄萎病菌侵染下的表达分析	棉花学报	2021
14	转GhB301基因棉花响应枯萎病菌侵染的转录组分析	核农学报	2021
15	棉花真叶原生质体分离及瞬时表达体系的优化	中国农业科学	2021
16	枯草芽孢杆菌NCD-2对棉花根系分泌物L-脯氨酸响应的转录-蛋白质组学联合分析	中国农业科学	2021
17	新疆2020年棉花生产概况及存在问题与策略	棉花科学	2021
18	棉花耐盐性研究进展	棉花科学	2021
19	棉花秸秆利用的主要途径及存在的问题	棉花科学	2021
20	新疆北疆地区气候要素对棉花生长和产量的影响分析	棉花科学	2021
21	棉花新品种KB2326的选育及其特征特性	棉花科学	2021
22	菏泽市棉花绿色高效间套模式及蒜套棉轻简化栽培技术	棉花科学	2021
23	新疆小海子垦区棉花种植化肥减施技术	棉花科学	2021
24	基于种子萌发出苗过程中弯钩建成和下胚轴生长的棉花出苗壮苗机制与技术	作物学报	2021
25	基于耐低氮综合指数的棉花苗期耐低氮品种筛选	作物学报	2021
26	我国现代植棉理论与技术的新发展——棉花集中成熟栽培	中国农业科学	2021
27	基于参数化和非参数化法的棉花生物量高光谱遥感估算	中国农业科学	2021
28	棉花苗期根系分型及根系性状的关联分析	作物学报	2021
29	不同矿化度咸水膜下滴灌棉花土壤盐分累积规律及其数值模拟	农业工程学报	2021
30	双仓转盘式棉花竖直圆盘穴播排种器设计与试验	农业工程学报	2021

续表

序号	论文名称	期刊	年份
31	外施不同形态硼对棉花吸收利用硼及其他矿质元素的影响	棉花学报	2021
32	利用累积湿润指数评估湖北棉花生育期内旱涝灾害特征	灌溉排水学报	2021
33	基于CNN－BiLSTM的棉花产量预测方法	农业工程学报	2021
34	棉花内生细菌YUPP－10及其分泌蛋白CGTase对棉花枯萎病的防治作用及机理	中国农业科学	2021
35	南疆棉花地残膜回收机的研制与试验	农机化研究	2021
36	基于嵌入式电子监控器的棉花打顶机开发	农机化研究	2021
37	棉花中耕培土施肥一体机设计与试验	农机化研究	2021
38	棉花转录因子GhSPL1生物信息学分析	棉花科学	2021
39	浅谈生产要素对棉花产量和质量的影响	棉花科学	2021
40	新疆无膜滴灌条件下播期和密度对棉花产量及品质的影响	棉花科学	2021
41	新疆植棉区棉花断花管理的技术措施	棉花科学	2021
42	新疆地区棉花生育期揭膜与否对黄萎病发生的影响	棉花科学	2021
43	融合动态机制的改进型Faster R－CNN识别田间棉花顶芽	农业工程学报	2021
44	2000—2020年南疆地区棉花种植空间格局及其变化特征分析	农业工程学报	2021
45	灌溉施氮和种植密度对棉花叶面积指数与产量的影响	农业机械学报	2021
46	氮磷钾运筹模式对北疆滴灌棉花生长发育和产量的影响	中国农业科学	2021
47	滨海盐碱地棉花秸秆还田和深松对棉花干物质积累、养分吸收及产量的影响	作物学报	2021
48	论两熟制棉花绿色化轻简化机械化栽培	作物学报	2021
49	不同种植模式棉花产量、种植效益与氮素利用率比较分析	棉花学报	2021
50	棉花UGPase基因鉴定与生物信息学分析	棉花学报	2021
51	棉花光敏雄性不育系psm5的培育及其育性转变规律	棉花学报	2021
52	基于机器学习的棉花叶面积指数监测	农业工程学报	2021
53	无膜棉花产量及其根区温湿盐对灌溉量的响应	农业工程学报	2021
54	盐分胁迫对棉花幼苗叶片叶绿素荧光参数的影响	灌溉排水学报	2021

第 5 章 产业研究动态

续表

序号	论文名称	期刊	年份
55	全球棉花话语权观察及中国棉花话语权的思考	棉花科学	2021
56	山东棉花产业链利益分配公平协调度及其优化研究	棉花科学	2021
57	赣中地区棉花荷兰豆套种及轻简栽培技术	棉花科学	2021
58	基于聚类分析的新疆棉花生产风险区划研究	棉花科学	2021
59	新疆阿拉尔垦区近十年棉花纤维品质状况与提升措施	棉花科学	2021
60	赣北植棉区棉花不同播期土壤氮素空间分布特征分析	棉花科学	2021
61	江西植棉区棉花与油菜套作绿色轻简栽培技术	棉花科学	2021
62	商品有机肥替代部分化肥对连作棉田土壤养分、棉花生长发育及产量的影响	作物学报	2021
63	麦棉周年秸秆还田对棉花生物量与养分吸收的影响	农学学报	2021
64	南疆无膜滴灌栽培对棉花出苗及生长指标的影响	农学学报	2021
65	内充气力式棉花高速精量排种器设计与试验	农业机械学报	2021
66	滴施缩节胺与氮肥对棉花生长发育及产量的影响	作物学报	2021
67	转 P_(SAG12)－IPT 基因对棉花叶片衰老及产量和纤维品质的影响	作物学报	2021
68	响应气候变化的棉花生长模拟与县域尺度产量评估	核农学报	2021
69	木尔坦棉花曲叶病毒"C4 ORF"编码蛋白对病毒致病性的影响	中国农业科学	2021
70	基于无人机高光谱融合连续投影算法估算棉花地上部生物量	棉花学报	2021
71	水盐胁迫对早熟棉花品种"中棉 619"幼苗生长的影响	灌溉排水学报	2021
72	棉花核酸外切酶基因 GhWRN 的克隆及功能验证	棉花学报	2021
73	新疆棉区植保无人机喷施棉花脱叶催熟剂效果研究	棉花学报	2021
74	减氮配施生物刺激素对棉花产量及氮肥吸收利用的影响	棉花学报	2021
75	土壤环境因子对棉花根际与内生拮抗细菌存活数量的影响	棉花学报	2021
76	新疆棉花茎腐病的病原鉴定及其生物学特性研究	棉花学报	2021
77	棉花枯萎病菌新生理型菌株毒素鉴定及其活性测定	棉花学报	2021
78	棉花打顶机自动对行装置设计与试验	农业机械学报	2021

续表

序号	论文名称	期刊	年份
79	基于比值导数法的棉花蚜害无人机成像光谱监测模型研究	光谱学与光谱分析	2021
80	广州市大腹异木棉和美丽异木棉花色多样性研究	农学学报	2021
81	山西省县域棉花种植格局与施肥技术分析	农学学报	2021
82	近40年气候变化对石河子棉区棉花生长发育的影响	农业工程	2021
83	新疆北疆机采棉铃期栽培管理及适宜气候条件分析	棉花科学	2021
84	三种间作模式对棉花产量和品质及棉田效益的影响比较	棉花科学	2021
85	棉花化学打顶剂在鄂东植棉区的应用效果	棉花科学	2021
86	德州地区棉花常见病虫害诊断与防治方法	棉花科学	2021
87	基于近红外法的棉花回潮率测量系统研制与试验	农业工程学报	2021
88	基于优化 Faster R-CNN 的棉花苗期杂草识别与定位	农业机械学报	2021
89	行距与氮肥或甲哌鎓化控对棉花冠层结构、温度和相对湿度的影响	作物学报	2021
90	棉花生长发育模型及其在我国的研究和应用进展	中国农业科学	2021
91	不同熟性棉花品种冠层温度分布特点	棉花学报	2021
92	系统调控下棉花比叶重的变化机制	棉花学报	2021
93	棉花壳基废料的微波炭化制备及其性能	化学工程	2021
94	棉花花器官突变体的鉴定及候选基因的克隆	作物学报	2021
95	采用双向流固耦合方法构建辅助气流作用下棉花叶片变形模型	农业工程学报	2021
96	棉花气吸滚筒式穴播器二次投种机构设计与试验	农业机械学报	2021
97	棉花叶片响应高温的差异与夜间淀粉降解密切相关	作物学报	2021
98	干旱条件下棉花根际真菌多样性分析	作物学报	2021
99	长江中下游地区棉花涝灾渍害预防及灾后管理技术	棉花科学	2021
100	基于灰色理论和时间序列模型预测棉花产量可行性研究	棉花科学	2021
101	新疆植棉区2019年棉花种业报告	棉花科学	2021
102	对11份抗逆棉花种质资源的主要性状分析	棉花科学	2021
103	不同种植密度对棉花空间成铃分布的影响	棉花科学	2021
104	近十年来参加江西省棉花区试品种的抗病性分析	棉花科学	2021

第5章 产业研究动态

续表

序号	论文名称	期刊	年份
105	低硼及高硼胁迫对棉花幼苗生长与脯氨酸代谢的影响	作物学报	2021
106	新疆棉花"矮、密、早"栽培历史、现状和展望	中国农业科学	2021
107	基于农业旱涝指标的湖北省棉花生育期内旱涝急转特征分析	灌溉排水学报	2021
108	基于AquaCrop模型的南疆无膜滴灌棉花灌溉制度优化	农业机械学报	2021
109	不同咸水利用方式对棉花叶绿素荧光参数及土壤盐分的影响	棉花学报	2021
110	脱落酸对棉花体细胞胚胎发生的影响	棉花学报	2021
111	有机肥替代对棉花养分积累、产量及土壤肥力的影响	棉花学报	2021
112	棉花苯丙氨酸解氨酶基因家族的生物信息学分析	棉花学报	2021
113	棉花种子活力与其植株停留期间气象因子的关系研究	棉花学报	2021
114	不同甲哌鎓滴施剂型筛选及其对棉花生长发育调控效果研究	作物学报	2022
115	蒜后直播模式下品种和密度对棉花产量及品质的影响	棉花科学	2022
116	长江流域棉区棉花全要素生产率及时空差异的指数模型分析	棉花科学	2022
117	基于农作物灌溉定额的干旱区棉花节水潜力分析	棉花科学	2022
118	对我国棉花主要产区产业兴旺的思考	棉花科学	2022
119	基于DSSAT模型的南疆膜下滴灌棉花生长与产量模拟	农业机械学报	2022
120	棉花产量构成因素性状的全基因组关联分析	中国农业科学	2022
121	喷雾量及助剂对棉花苗期植保无人飞机作业效果的影响	农药学学报	2022
122	不同水分条件下有机无机肥配施对棉花根系特征及产量的影响	中国农业科学	2022
123	棉花膜下滴灌施肥闭环控制系统设计与试验	农机化研究	2022
124	不同施氮量对棉花产量和棉田土壤养分的影响	核农学报	2022
125	淋洗定额与覆盖方式对北疆棉花生长和产量的影响	灌溉排水学报	2022
126	水氮调控对轻度盐化土膜下滴灌棉花根干质量的影响	灌溉排水学报	2022
127	生物炭改良棉花—甜菜间作土壤理化性质与盐分效果分析	农业机械学报	2022

续表

序号	论文名称	期刊	年份
128	在数字化转型下探索进口棉花样品管理方法	棉花科学	2022
129	新疆2021年棉花生产概况及存在问题与策略	棉花科学	2022
130	棉花纤维自动取样器的结构与工作原理介绍	棉花科学	2022
131	新疆巴州延迟采收时间对棉花纤维品质的影响	棉花科学	2022
132	干旱地区土壤深松条件下灌溉定额对棉花产量形成的影响	棉花科学	2022
133	蒜套棉模式下品种和密度对棉花产量及品质的影响	棉花科学	2022
134	德州市棉花绿色增产增效种植技术	棉花科学	2022
135	利用病毒诱导的基因沉默cDNA文库高通量筛选鉴定棉花功能基因	作物学报	2022
136	棉花圆模成型装置的设计与优化分析	农机化研究	2022
137	棉花脱叶催熟剂药液理化性质的变化及对植保无人飞机喷施效果的影响	农药学学报	2022
138	GhROP6通过调控茉莉酸合成与木质素代谢参与棉花抗黄萎病反应	棉花学报	2022
139	棉花SRS基因家族的全基因组鉴定及生物信息学分析	棉花学报	2022
140	生防菌NCD－2菌株定量检测体系的建立及其在棉花根际定植检测中的应用	棉花学报	2022
141	化肥减施和秸秆还田对土壤肥力、棉花养分吸收利用及产量的影响	棉花学报	2022
142	棉花精量穴播器取种状态监测系统设计与试验	农业工程学报	2022
143	一种改进SM谱聚类算法的棉田棉花精确分割	农机化研究	2022
144	基于IMS的多面域棉花种植参数监测分析	农机化研究	2022
145	新疆2021年棉花生产剖析及未来种业发展方向	棉花科学	2022
146	新疆巴州棉花秸秆产业化利用环境效益分析	棉花科学	2022
147	土壤盐碱度对棉花出苗和生长的影响	棉花科学	2022
148	小海子垦区27个棉花种质材料的纤维品质分析及利用	棉花科学	2022
149	棉花成株期无损伤移栽技术	棉花科学	2022
150	膜下咸水滴灌水肥盐调控对棉花盐离子、养分吸收及干物质分配的影响	灌溉排水学报	2022

第 5 章　产业研究动态

续表

序号	论文名称	期刊	年份
151	棉花 GhIQM1 基因克隆及抗黄萎病功能分析	作物学报	2022
152	生物炭对棉花—甜菜间作土壤理化性质与盐分的影响	农业机械学报	2022
153	棉花纤维发育的分子机理研究进展	棉花学报	2022
154	棉花盛铃期不同器官氮磷化学计量特征及异速关系	棉花学报	2022
155	新疆石河子及周边地区棉花根际土壤丛枝菌根真菌多样性	棉花学报	2022
156	GhMAPKKK2 基因在棉花抗黄萎病中的功能分析	棉花学报	2022
……	……	……	……

数据来源于中国知网。[①]

5.2.2 主要研究机构概况

在 5.2.1 节的基础上进一步统计了涉棉科研单位概况，详情如表 5-6(表中仅列出发表论文在 5 篇以上的单位信息)所示。可以看出塔里木大学在涉棉学术论文发表方面位居全国第一，此外石河子大学和新疆农业大学在涉棉学术论文发表方面也名列前茅，分别居第二和第三位，中国农业科学院和新疆农业科学院发表的涉棉学术论文数量也均位列前五，远超其他单位发表的论文数量。从表 5-6 中可以看出，分布在新疆地区的高校和研究机构累计发文量总体占比为 50.7%，超过一半的规模。由此可见，新疆作为我国棉花最重要的产业基地，聚集了大量的涉棉科研人才，为新疆乃至全国的棉花产业提供科技支撑。位于河南安阳的中国农业科学院棉花研究所是唯一的国家级棉花专业综合科研机构，其在棉花新品种培育、棉花栽培和棉花田间植保等方面为国内棉花产业发展做出了杰出贡献。图 5-4 通过词云的形式更加直观地展示了论文归属单位的分布情况。

---

① 中国知网. https://www.cnki.net/.

表 5-6 2021—2022 年度涉棉论文单位概况

序号	单位	数量(篇)	占比(%)
1	塔里木大学	96	0.1158
2	石河子大学	82	0.0989
3	新疆农业大学	80	0.0965
4	中国农业科学院	40	0.0483
5	新疆农业科学院	36	0.0434
6	河北农业大学	18	0.0217
7	新疆农垦科学院	17	0.0205
8	江西省棉花研究所	16	0.0193
9	河北省农林科学院	14	0.0169
10	新疆大学	12	0.0145
11	西安理工大学	11	0.0133
12	西北农林科技大学	11	0.0133
13	华中农业大学	8	0.0097
14	辽宁省经济作物研究所	8	0.0097
15	山东农业大学	8	0.0097
16	棉花生物学国家重点实验室	7	0.0084
17	安徽省农业科学院棉花研究所	6	0.0072
18	新疆巴音郭楞蒙古自治州农业科学研究院	6	0.0072
19	新疆生产建设兵团第一师农业科学研究所	6	0.0072
20	中国农业大学	6	0.0072
21	德州市农业科学研究院	5	0.006
22	山东省农业科学院	5	0.006
23	山西农业大学	5	0.006
24	新疆生产建设兵团农业技术推广总站	5	0.006
25	郑州大学	5	0.006

第5章 产业研究动态

图 5-4 论文作者单位分布情况

5.2.3 主要研究内容概况

本节主要通过相关研究报道的关键词对研究内容进行概要分析。对总体 829 篇相关科研文献的关键词进行统计，将不能体现本质内容的关键词排除在外，如"棉花""××方法""××模型""××地方"等，仅保留能够体现本质研究内容的关键词。然后对关键词出现频次进行统计，结果如表 5-7 所示（仅列出了出现 5 次以上的关键词）。通过关键词词频统计结果可以看出，超过 95% 的文献报道内容均属于棉花育种和植保阶段，主要研究的热点在于如何改良品种和优化栽培技术提高棉花的产量和品质，对棉花的病虫害防治也是研究者关注的焦点。这与 5.1 节所述相似，在收获、加工、仓储和物流阶段的研究报道相对较少，图 5-5 通过词云更加直观地展示了近两年涉棉科学研究的热点问题。

表5-7　2021—2022年度涉棉科研论文关键词词频概况

序号	关键词	数量（次）	占比（%）
1	产量	141	0.1701
2	纤维品质	33	0.0398
3	新疆	29	0.035
4	栽培技术	26	0.0314
5	农艺性状	23	0.0277
6	生长发育	21	0.0253
7	品质	19	0.0229
8	黄萎病	26	0.0314
9	陆地棉	15	0.0181
10	枯萎病	15	0.0181
11	膜下滴灌	14	0.0169
12	光合特性	13	0.0157
13	化学打顶	11	0.0133
14	机采棉	11	0.0133
15	抗病性	11	0.0133
16	缩节胺	11	0.0133
17	种植密度	11	0.0133
18	品种	10	0.0121
19	特征特性	10	0.0121
20	无人机	10	0.0121
21	新疆棉花	10	0.0121
22	干物质积累	9	0.0109
23	光合作用	9	0.0109
24	大丽轮枝菌	8	0.0097
25	防治效果	8	0.0097
26	干物质	8	0.0097
27	花铃期	8	0.0097

第5章 产业研究动态

续表

序号	关键词	数量(次)	占比(%)
28	棉花生长	8	0.0097
29	棉花幼苗	8	0.0097
30	南疆	8	0.0097
31	气候变化	8	0.0097
32	盐胁迫	8	0.0097
33	病虫害	7	0.0084
34	冠层结构	7	0.0084
35	间作	7	0.0084
36	聚类分析	7	0.0084
37	密度	7	0.0084
38	生物量	7	0.0084
39	生物炭	7	0.0084
40	无膜栽培	7	0.0084
41	叶面积指数	7	0.0084
42	种植模式	7	0.0084
43	氮肥	6	0.0072
44	低温胁迫	6	0.0072
45	干旱	6	0.0072
46	抗旱性	6	0.0072
47	枯草芽孢杆菌	6	0.0072
48	棉花产业	6	0.0072
49	棉蚜	6	0.0072
50	品种选育	6	0.0072
51	生长	6	0.0072
52	施氮量	6	0.0072
53	土壤养分	6	0.0072
54	吐絮率	6	0.0072

续表

序号	关键词	数量(次)	占比(%)
55	养分吸收	6	0.0072
56	影响因素	6	0.0072
57	北疆	5	0.006
58	播期	5	0.006
59	产量构成	5	0.006
60	产量性状	5	0.006
61	高光谱	5	0.006
62	高温胁迫	5	0.006
63	根系	5	0.006
64	卷积神经网络	5	0.006
65	抗虫性	5	0.006
66	棉花品种	5	0.006
67	棉花生产	5	0.006
68	棉花种植	5	0.006
69	深度学习	5	0.006
70	水分利用效率	5	0.006
71	土壤盐分	5	0.006
72	褪黑素	5	0.006
73	脱叶剂	5	0.006
74	脱叶率	5	0.006
75	无膜滴灌	5	0.006
76	现状	5	0.006
77	优质	5	0.006
78	种质资源	5	0.006
79	株型	5	0.006
80	主成分分析	5	0.006

第 5 章 产业研究动态

图 5-5 2021—2022 年涉棉学术论文热点关键词

5.3 专利授权

5.3.1 总体情况简介

本节从已授权的专利角度分析近两年涉棉科研动态，为了确保专利质量和代表性，仅对近两年授权的发明专利进行分析。基于国家知识产权局专利检索与统计平台[①]检索了自 2021 年 1 月 1 日至 2022 年 7 月 15 日专利名称中包含"棉花"的已授权发明专利，对检索结果进行逐项核查并删除本质上与棉花无关的专利，最终剩余 246 项。其中 2021 年全年累计授权 157 项，2022 年截至 7 月 15 日累计授 89 项，较 2021 年同期下降 9%，预计 2022 年和 2021 年在发明专利授权数量上基本持平。通过相关专利总体申请及授权情况可以看出，相关产业的知识转化速度有所提升，棉花产业技术升级正在提速。

---

① 国家知识产权局专利检索与统计. http://pss-system.cnipa.gov.cn/sipopublicsearch/portal/app/home/declare.jsp.2021.8.27.

表 5-8　2021—2022 年度涉棉发明专利概况

序号	发明（设计）名称	申请（专利权）人	年度
1	一种棉花脱脂装置	江西美宝利医用敷料有限公司	2021
2	一种棉花不去雄人工杂交制种方法	中国农业科学院棉花研究所	2021
3	一种新疆棉花种质资源精准鉴定田间全程操作方法	新疆农业科学院经济作物研究所	2021
4	一个棉花产量性状关联的乙烯响应转录因子基因	南京农业大学	2021
5	一种耐高温棉花的选育方法	荆州农业科学院	2021
6	一种成箱棉花运输设备	王德胜	2021
7	一种提高棉花抗黄萎病相关蛋白 CkSYP71 及其编码的基因和应用	中国农业大学	2021
8	一种监控棉花病虫害的无人机设备	塔里木大学	2021
9	一种棉花根尖特异性启动子及其应用	江苏省农业科学院	2021
10	一种提高棉花再生及转化效率的方法及应用	华中农业大学	2021
11	一种来自棉花抗病耐旱蛋白基因 Gh-SNAP33 及其应用	中国农业大学	2021
12	棉花 GhLecRK1 基因在植物抗黄萎病中的应用	河南大学	2021
13	一种营养调节型棉花专用叶面肥	中国农业科学院棉花研究所	2021
14	棉花 GhVLN4 基因在抗黄萎病中的应用	南京农业大学	2021
15	一种纺织棉花粗加工设备	虞群	2021
16	棉花 GbCaMBP 基因在植物抗黄萎病中的应用	河南大学	2021
17	棉花长纤维高表达基因 GhLFHE3 及其转基因棉花制备方法和应用	西南大学	2021
18	一种增强棉花幼苗抗旱性的方法	中国农业科学院棉花研究所	2021
19	棉花打顶增桃剂	重庆市优胜科技发展有限公司	2021
20	一种棉花烘干机	胡苗苗	2021
21	一种棉花长纤维高表达基因 GhLFHE2 及其编码的蛋白质和应用	西南大学	2021
22	一种杂交聚合棉花优质性状的育种方法	中国农业科学院棉花研究所	2021

第5章 产业研究动态

续表

序号	发明（设计）名称	申请（专利权）人	年度
23	一个棉花产量性状关联的乙烯信号转导途径调节因子	南京农业大学	2021
24	一种用于纺织的棉花细屑回收装置	界首市华宇纺织有限公司	2021
25	能提高棉花纤维强度的异常棉染色体片段及其分子标记	江苏省农业科学院	2021
26	一种利用联核木棉创制棉花细胞质雄性不育系的方法	广西大学	2021
27	用于棉花MON15985转化体纯杂合鉴定的引物组、试剂盒及方法	中国农业科学院植物保护研究所	2021
28	鸡粪沼液用于防治棉花枯萎病的应用及防治方法	中国农业科学院棉花研究所	2021
29	棉花GbDREB基因在抗黄萎病中的应用	河南大学	2021
30	一种离子型高分子棉花打顶剂及其制备方法	塔里木大学	2021
31	保苗助长型棉花种衣剂及其制备方法与在防治病虫害和耐寒方面的应用	新疆农业科学院核技术生物技术研究所	2021
32	一种棉花花铃期叶面温度调节剂及应用	中国农业科学院棉花研究所	2021
33	一种农业用可便于收集的棉花采摘器	杭州聚锋科技有限公司	2021
34	一种年20万倍棉花制种的方法	中国农业科学院棉花研究所	2021
35	一种适宜生产应用的棉花化学杀雄杂交制种方法	江苏省农业科学院	2021
36	一种棉花基因的编辑方法	华中农业大学	2021
37	一种利用离核木棉创制棉花细胞质雄性不育系的方法	广西大学	2021
38	一种用于扑灭棉花堆垛深位火灾的水基灭火剂	应急管理部天津消防研究所	2021
39	可防治棉花黄萎病的大丽轮枝菌的菌株HCX-01的制备及其应用	南阳师范学院	2021
40	一种棉花被芯压实压平用自动化装置	江苏柯德展示道具有限公司	2021
41	棉花基因GhDTX27在植物耐盐、干旱和冷胁迫方面的应用	中国农业科学院棉花研究所	2021
42	棉花转运蛋白GhBASS5基因在植物耐盐中的应用	郑州大学	2021

续表

序号	发明(设计)名称	申请(专利权)人	年度
43	一种盐碱地改良剂及其在种植棉花用盐碱地改良中的应用	中国农业科学院西部农业研究中心	2021
44	一种培育果枝夹角改变的转基因棉花的方法	河南科技学院	2021
45	GhTMT2基因在调节棉花中可溶性糖积累的应用	华中农业大学	2021
46	一种棉花多基因聚合育种的分子检测方法	中国农业科学院棉花研究所	2021
47	棉花长链非编码RNA－lnc973及其在植物耐盐性中的应用	山东农业大学	2021
48	棉花GhPHOT1－1基因在光能高效利用方面的应用	河南大学	2021
49	鉴定棉花品种YM111真实性和种子纯度的引物组及其应用	中国农业科学院棉花研究所	2021
50	提高棉花衣分的SNP标记以及高产棉的鉴定和育种方法	中国农业科学院棉花研究所	2021
51	一种棉花免疫系统的激活剂及其应用	华中农业大学	2021
52	棉花育种基质的制备方法及其使用方法	刘兴海	2021
53	一种棉花自动上料设备	李芹英	2021
54	一种带遮雨功能的棉花晾晒设备	新昌县馁侃农业开发有限公司	2021
55	一种耐低温棉花品种的育种方法	中国农业科学院生物技术研究所	2021
56	一种棉花打顶剂及其制备方法	高瑾	2021
57	一种悬挂式棉花打顶消毒回收装置	绍兴嘉越纺织机械有限公司	2021
58	用于棉花黄萎病重病田的黄萎病防治方法	中国农业科学院棉花研究所	2021
59	一种天然棉花纺织用分拨定位梳理装置	兰溪市京华纺织有限公司	2021
60	棉花样品连续取样检测方法	河北出入境检验检疫局检验检疫技术中心	2021
61	一种用于纺织的棉花筛分设备及筛分方法	界首市华宇纺织有限公司	2021
62	一种棉花的种植方法及利用其棉花制备干花的方法	中国农业科学院棉花研究所	2021

第5章 产业研究动态

续表

序号	发明(设计)名称	申请(专利权)人	年度
63	一株防治棉花黄萎病的拮抗菌 Z-18 及应用	新疆农业科学院微生物应用研究所	2021
64	一种棉花脱叶剂助剂及其制备与使用方法	中国农业科学院棉花研究所	2021
65	棉花衣分分子标记及其应用	中国农业科学院棉花研究所	2021
66	一种改良土壤的棉花专用液体套餐肥及制备方法和施用方法	新疆慧尔农业集团股份有限公司	2021
67	一种便携式棉花采摘设备	真木农业设备(安徽)有限公司	2021
68	一种棉花脱叶剂	石河子大学	2021
69	抗棉花黄萎病的基因 GbCYP86A1-1 及其应用	南京农业大学	2021
70	基于图像分析的多品种全生育期棉花生物量无损测量方法	华中农业大学	2021
71	一种棉花农作物植保无人机	芜湖市西贝克机电科技有限公司	2021
72	一种棉花与绿豆的间作播种装置	山东棉花研究中心	2021
73	棉花外植体直接分化为胚性愈伤组织的方法及培养基	中国农业科学院棉花研究所	2021
74	一种用于纺织的棉花细屑回收设备	石家庄市阳光针纺有限公司	2021
75	一种分控棉花毛籽的脱绒装置	安徽英贯豪纺织有限公司	2021
76	一种适于滨海盐碱旱作区气候类型的棉花栽培方法	沧州市农林科学院	2021
77	一种鉴定常规棉花品种真实性的 SSR 分子标记方法	新疆农业科学院经济作物研究所	2021
78	一种棉花植调剂及其制备和使用方法	中国农业科学院棉花研究所	2021
79	一种用于脱叶的组合物、棉花脱叶剂及其制备方法	江苏省农业科学院	2021
80	一种与棉花黄萎病抗性有关的 QTL/主效基因的分子标记	中国农业科学院棉花研究所	2021
81	一种促进弱光下棉花幼苗生长的复配调节剂及其应用	河北省农林科学院棉花研究所	2021
82	一种基于毛细管四色荧光电泳检测和多重荧光 PCR 扩增的高通量棉花品种指纹库构建方法	中国农业科学院棉花研究所	2021
83	高产棉花的枣棉间作种植方法	塔里木大学	2021

续表

序号	发明(设计)名称	申请(专利权)人	年度
84	与棉花 PSM4 的光敏雄性不育性状紧密连锁的分子标记及分子鉴定方法和应用	中国农业科学院棉花研究所	2021
85	一种响应面法优化提取棉花鲜花总黄酮的方法	安徽中医药大学	2021
86	一种控制棉花叶枝生长的遮荫方法	山东棉花研究中心	2021
87	一种棉花病虫害防治方法	真木农业设备(安徽)有限公司	2021
88	棉花 GbSLR1 基因在植物根和分枝发育中的应用	河南大学	2021
89	棉花 GhTCP4 基因及其在改良棉纤维长度中的应用	中国科学院分子植物科学卓越创新中心	2021
90	棉花脱叶催熟组合物和棉花脱叶催熟剂	中国农业科学院棉花研究所	2021
91	棉花杂交育种人工授粉方法	聊城市农业科学研究院	2021
92	用于棉花试验田的可提醒划线装置及其使用方法	济宁市农业科学研究院	2021
93	一种棉花化学打顶剂	浙江禾田化工有限公司	2021
94	棉花转录因子 GaMAN1 在植物油脂代谢调控中的应用	中国农业科学院棉花研究所	2021
95	一种棉花非编码 RNA 基因 GhDAN1 及其应用	南京农业大学	2021
96	一种棉花性状改良的方法	浙江理工大学	2021
97	一种棉被生产用弹棉花高端装置	广州市海儿电器有限公司	2021
98	一种棉花种植田用划线装置及方法	济宁市农业科学研究院	2021
99	一种高效防治棉花黄萎病的抑菌剂及其制备方法与应用	湖北中医药大学	2021
100	一种摆动机构及棉花自动弹纺设备	湖南亚瑞特运动用品有限公司	2021
101	一种含噻苯隆和 L—赖氨酸的棉花脱叶催熟组合物	中国农业科学院棉花研究所	2021
102	一种高通量分控棉花毛籽脱绒装置及方法	塔里木大学	2021
103	一种稀密交替环境下培育宜稀耐密抗烂铃棉花品种的方法	河北省农林科学院粮油作物研究所	2021

第5章 产业研究动态

续表

序号	发明(设计)名称	申请(专利权)人	年度
104	一种棉花育性恢复相关的分子标记及其应用	中国农业科学院棉花研究所	2021
105	棉花胚性愈伤组织与胚状体的培养方法	中国农业科学院棉花研究所	2021
106	一种错位叠层的棉花打包方法	海安鑫福缘农业科技有限公司	2021
107	一种盐渍化土壤棉花高产播种方法	塔里木大学	2021
108	极端干旱地区评价转基因棉花荒地生存竞争能力的新方法	新疆农业科学院植物保护研究所	2021
109	棉花转录因子 GhERF071 在植物油脂代谢调控中的应用	遵义医科大学	2021
110	一种棉花纤维素纳米纤丝薄膜的制备方法	安徽省农业科学院棉花研究所	2021
111	一种棉花敲打装置	新疆维吾尔自治区纤维质量监测中心	2021
112	一种棉花梳理机	安徽双盈纺织有限公司	2021
113	一种便于对土地等间距分隔的棉花种植用棉籽播种装置	新疆维吾尔自治区纤维质量监测中心	2021
114	一种棉花秸秆炭化还田用节能炭化装置	安徽省农联投供应链管理有限公司	2021
115	球孢白僵菌类钙调磷酸酶 B 亚基 BbCNB、A 亚基 BbCNA 在棉花和烟草育种中的应用	西南大学	2021
116	一种利用棉花与印度芥菜轮作修复中低浓度汞污染农田土壤的方法	浙江清华长三角研究院	2021
117	与棉花隐性芽黄基因 v1 紧密连锁的 SSR 标记及其应用	中国农业科学院棉花研究所	2021
118	棉花恢复系恢复基因的分子标记及其应用	华中农业大学	2021
119	一种棉花播种机上切割地膜的装置	中国农业科学院棉花研究所	2021
120	陆地棉转化事件 ICR24－378 及其在棉花育种中的应用	中国农业科学院棉花研究所	2021
121	一种以生物质棉花为碳基的催化剂及其制备方法和应用	宁波石墨烯创新中心有限公司	2021
122	棉花 GhACO 基因在促进植物开花中的应用	中国农业科学院棉花研究所	2021

续表

序号	发明(设计)名称	申请(专利权)人	年度
123	一种利用过硫酸盐与高铁酸钾共同预处理牛粪和棉花秸秆混合物的方法	哈尔滨工业大学	2021
124	一种适于棉花苗期叶面肥及制备方法和应用	中国农业科学院棉花研究所	2021
125	一种棉花紫化突变体 HS2 的特异性鉴定引物及其应用	浙江理工大学	2021
126	一种棉花收集装置	苏州麟琪程科技有限公司	2021
127	一种基于棉花打包膜用褶皱偏移检测装置及其使用方法	海安鑫福缘农业科技有限公司	2021
128	棉花打孔放苗覆土一体机	河北省农林科学院旱作农业研究所	2021
129	一种棉花块膜打包装置及其使用方法	海安鑫福缘农业科技有限公司	2021
130	一种基于棉花生长期识别的变量施药控制方法	山东农业大学	2021
131	GTP结合蛋白基因 GhROP6 在调控棉花纤维性状中的应用	西南大学	2021
132	一种纺织用棉花脱壳机	顾文彬	2021
133	一种高产优质早熟棉花的栽培方法	安徽省农业科学院棉花研究所	2021
134	棉花 GhKNAT7－A03 蛋白及其编码基因和应用	中国农业科学院棉花研究所	2021
135	一种与棉花纤维长度有关的分子标记及其应用	中国农业科学院棉花研究所	2021
136	一种棉花育种的智能监测系统	河北省农林科学院粮油作物研究所	2021
137	可移动的捆包机器、棉花收割机和对捆包进行称重的方法	迪尔公司 爱荷华州立大学研究基金会	2021
138	一种带有防堵采摘头的棉花采摘器	萧县威辰机电工程设备有限公司	2021
139	一种创建有限生长株型棉花的方法	中国农业科学院棉花研究所	2021
140	一种抗草甘膦棉花转化事件 KJC017 及其应用	科稷达隆(北京)生物技术有限公司	2021
141	一种鉴定棉花苗期耐盐性的方法	新疆农业科学院经济作物研究所	2021
142	一种高产早熟优质多抗棉花的育种方法	河南科技学院	2021
143	一种棉花采摘分离测试试验台	石河子大学	2021

第5章 产业研究动态

续表

序号	发明(设计)名称	申请(专利权)人	年度
144	超表达 GhCBL2 基因在促进棉花叶片中可溶性糖积累的应用	华中农业大学	2021
145	一种同步改良棉花黄萎病抗性、纤维品质和产量性状的分子育种方法	中国农业科学院棉花研究所	2021
146	一种可对孔间距调节的推行式棉花种植用打孔装置	嘉兴市玖玛兰科技有限公司	2021
147	一种棉花不育系制种的方法	山西农业大学棉花研究所	2021
148	一种棉花 TBL34 基因的优势等位基因及其编码蛋白和应用	中国农业科学院棉花研究所	2021
149	调节目的植物叶片衰老进程的基因及方法及其在棉花作物上的应用	河南科技学院	2021
150	棉花 GHPSAT2 基因在促进植物开花中的应用	中国农业科学院棉花研究所	2021
151	棉花光敏核雄性不育突变体及其应用	中国农业科学院棉花研究所	2021
152	棉花黄萎病抗性相关基因 GhSDH1-1 的应用	中国农业科学院棉花研究所	2021
153	一种适于棉花的生物刺激素复配剂及制备方法和应用	中国农业科学院棉花研究所	2021
154	棉花纤维长度相关 microRNA477 及其前体 DNA 和应用	中国农业科学院棉花研究所	2021
155	一种智能识别棉花采摘机器人	华驰电气有限公司	2021
156	可升降式棉花打顶机	新疆农业大学	2021
157	棉花转基因事件 MON 88702 以及检测和使用方法	孟山都技术公司	2021
158	一种棉花快速晾晒装置	陈吉梅	2022
159	一种春棉花铃期的施肥方法	安徽省农业科学院棉花研究所	2022
160	一种棉花免打顶营养配方及其使用方法	湖北格林凯尔农业科技有限公司	2022
161	棉花叶片双向电泳及高通量质谱分析的蛋白提取方法	海南师范大学	2022
162	棉花加工设备的参数调整方法、装置、设备及存储介质	中华全国供销合作总社郑州棉麻工程技术设计研究所	2022
163	棉花 GraiRGA 转录因子特异识别抗体制备方法	南通大学	2022

续表

序号	发明(设计)名称	申请(专利权)人	年度
164	棉花 GhMADS45－D09 基因在促进植物开花中的应用	中国农业科学院棉花研究所	2022
165	一种棉花打顶剂及其制备和应用方法	扬州大学	2022
166	一种基于超高液相色谱对棉花花朵多胺含量测定的方法	安徽农业大学	2022
167	一种直线型棉花打包捆扎系统及方法	济南大学	2022
168	一种调控棉花纤维呈色的融合基因及其表达载体和应用	西南大学	2022
169	一种回转型棉花打包捆扎系统及方法	济南大学	2022
170	棉花抗黄萎病相关基因 GhDEK 的应用	中国农业科学院棉花研究所	2022
171	棉花抗黄萎病相关基因 GhHMGB2 的应用	中国农业科学院棉花研究所	2022
172	棉花 GhMADS36－A11 基因在促进植物开花中的应用	中国农业科学院棉花研究所	2022
173	棉花 GhMADS44－A03 基因在促进植物开花中的应用	中国农业科学院棉花研究所	2022
174	一种用于棉花纱线的倍捻设备	兰溪市隆庆纺织有限公司	2022
175	一种棉花种子引发剂及使用该引发剂处理棉花种子的方法	中国农业科学院棉花研究所	2022
176	棉花打包管理系统、控制方法、棉花打包机和存储介质	中国铁建重工集团股份有限公司	2022
177	降低棉花棉酚含量的 sgRNA 及其表达载体和应用	中国农业科学院生物技术研究所	2022
178	一种手持气吸式棉花采摘装置	石河子大学	2022
179	棉花收获机行单元的采摘单元	迪尔公司	2022
180	一种基于大数据分层聚类的棉花生产工艺优化方法	济南大学	2022
181	一种利用棉花核不育杂交种选育抗病虫优质棉品种的方法	四川省农业科学院经济作物育种栽培研究所	2022
182	棉花机械化覆土定苗一体机	河北省农林科学院旱作农业研究所	2022
183	一种棉花中农药残留和重金属的检测设备	德州市纤维检验所	2022

续表

序号	发明(设计)名称	申请(专利权)人	年度
184	一种棉花细胞核雄性不育系快速选育及组合测配鉴定方法	湖南省棉花科学研究所	2022
185	一种田间棉花自动打顶装置	华中农业大学	2022
186	一种开松装置及纺织用棉花处理设备	徐州华通手套有限公司	2022
187	一种减轻棉花蕾期雹灾损失的栽培方法	山东棉花研究中心	2022
188	一种棉花播种机上切割滴灌带的装置	内蒙古自治区农牧业科学院	2022
189	一种棉花加工用棉花均匀喂料机	聊城大学高新技术产业有限公司	2022
190	棉花抗黄萎病相关基因 GhABC 及其编码蛋白和应用	中国农业科学院棉花研究所	2022
191	一种自动对行的棉花打顶机	河北农业大学	2022
192	一种棉花隐性核不育恢复同源基因对及其敲除试剂在创造不育系中的应用	华中农业大学	2022
193	棉花仿形纵横切割打顶机	姜学森	2022
194	一种基于电解弱酸棉花纤维的高韧性纸巾制备方法及设备	东莞市财州纸制品有限公司	2022
195	一种转基因棉花抗虫鉴定药剂涂抹器	河南中医药大学	2022
196	一种棉花高温响应基因 GhHRK1、编码蛋白及其应用	华中农业大学	2022
197	棉花打顶机器人系统及其工作方法	福州大学	2022
198	一种新型棉花采摘机	中国农业科学院棉花研究所	2022
199	一种棉花种子筛选装置及筛选方法	济宁市农业科学研究院	2022
200	基于无人机影像的 SENP 棉花产量估算方法及估算模型构建方法	新疆疆天航空科技有限公司	2022
201	基于土壤水势的棉花水分监测滴灌控制方法及系统	塔里木大学	2022
202	GhVLN2 基因及其在抵御棉花黄萎病中的应用	中国科学院微生物研究所	2022
203	一种带有标记的棉花雄性不育系的创制方法	华中农业大学	2022
204	一种纺织用棉花清洗烘干装置	山东恒翔棉制品有限公司	2022

续表

序号	发明(设计)名称	申请(专利权)人	年度
205	基于小型无人机群的棉花虫害立体监测方法与系统	广东技术师范大学	2022
206	一种适宜洞庭湖棉区的棉花轻简栽培方法	湖南省棉花科学研究所	2022
207	一种棉花秸秆腐熟复合基质及其应用	新疆农业科学院土壤肥料与农业节水研究所	2022
208	一种棉花种植打孔装置及棉花种植方法	塔里木大学	2022
209	一种抗旱耐盐型棉花品种的选育方法	河北省农林科学院棉花研究所	2022
210	棉花花基斑性状相关SNP分子标记及其应用	石河子大学	2022
211	一种筛选抗冷棉花品种的方法及其应用	中国农业科学院棉花研究所	2022
212	用于鉴别新陆中系列棉花品种的多态性分子标记及其应用	石河子大学	2022
213	一种多功能计量棉花灌溉装置	塔里木大学	2022
214	一种棉花单粒种子微创取样器	中国农业科学院棉花研究所	2022
215	一种棉花抗旱相关基因GhRCHY1及其应用	南京农业大学	2022
216	一种棉花种植用可定量施肥装置	塔里木大学	2022
217	一个棉花纤维伸长率主效QTL qFE－chr.D01区间的鉴定及应用	中国农业科学院棉花研究所	2022
218	利用LeDNAJ基因改良棉花耐盐性的方法及应用	九圣禾种业股份有限公司	2022
219	GhMAH1蛋白及其编码基因在调控棉花纤维长度中的应用	中国农业科学院棉花研究所	2022
220	一种调控棉花雄性生殖发育的GhFLA19－D蛋白及其编码基因与应用	中国农业科学院棉花研究所	2022
221	一种棉花打顶残体消毒回收机	塔里木大学	2022
222	一种可防止棉花卷入切割刀转轴的断棉机	杭州科杰实业有限公司	2022
223	一种通过腐胺和固液交替培养提高棉花胚状体发生效率的方法	黄冈师范学院	2022

第5章 产业研究动态

续表

序号	发明(设计)名称	申请(专利权)人	年度
224	棉花 GhCAL－D07 基因在促进植物开花中的应用	中国农业科学院棉花研究所	2022
225	棉花品种吐絮集中度的花—絮两阶段精准鉴定方法	新疆农垦科学院	2022
226	用于转基因抗虫抗草甘膦棉花的特异性鉴定分子标记的引物组及其应用	浙江大学	2022
227	一种与棉花纤维长度主效 QTL 连锁的分子标记及其应用	中国农业科学院棉花研究所	2022
228	一种可快速拆换的采收辊、棉花采摘台及棉花联合收获机	农业农村部南京农业机械化研究所	2022
229	一种棉花启动子 PCGP1 及其应用	河南大学	2022
230	一种棉花种子加工装置	龚磊	2022
231	一种基于超声波清洗技术的棉花清棉装置	广东国棉科技有限公司	2022
232	一种基于胚快速成苗的耐盐棉花品种的选育方法	新疆农业科学院经济作物研究所	2022
233	一种用于检测棉花黄萎病病原大丽轮枝菌的 RPA 引物、探针、试剂盒和检测方法	安徽省农业科学院棉花研究所	2022
234	一种棉花秸秆生物炭复合肥生产加工装置及其加工方法	塔里木大学	2022
235	棉花 GhGOLS2 基因在控制棉花种子萌发中的应用	郑州大学	2022
236	一种棉花种植用营养钵移栽装置	梁琼	2022
237	一种棉花种植用喷药装置	安徽省农业科学院棉花研究所	2022
238	一个同时改良棉花纤维长度、强度、伸长率的 B3 转录因子基因及其应用	浙江大学	2022
239	一种棉花苗期棉蚜数量监测方法及系统	石河子大学	2022
240	一种促苗早发的棉花种植方法	塔里木大学	2022
241	棉花黄萎病相关基因 GhBONI 及其编码蛋白与应用	新疆农业科学院核技术生物技术研究所	2022
242	双仿形棉花顶部对靶喷雾方法及装置	石河子大学	2022
243	基于人工智能抗菌生态棉花纸纸张柔软度测试分析系统	广东喜洋洋纸业有限公司	2022

续表

序号	发明(设计)名称	申请(专利权)人	年度
244	棉花抗黄萎病相关蛋白 GhMAPK13 及其编码基因和应用	中国农业科学院棉花研究所	2022
245	一种棉花种植用培土施肥一体装置	塔里木大学	2022
246	一种基于图像分类和目标检测的棉花发育期自动识别方法	北京工业大学	2022

5.3.2 主要研究机构概况

本节主要通过专利权人的角度分析涉棉科研主体概况。基于表5-8统计了2021—2022年度授权专利与专利权人的归属关系，详细结果如表5-9所示（仅列出了授权数量在2项以上的单位或个人）。可以看出，中国农业科学院棉花研究所的专利授权数量高居榜首，占比22.76%，彰显了其在棉花领域的深厚研究实力。塔里木大学、华中农业大学、石河子大学、河南大学、南京农业大学、新疆农业科学院、安徽省农业科学院棉花研究所和西南大学发明专利授权数量都在5项及5项以上，体现了这些涉棉科研单位较强的棉花研究能力。另外，也可以看到很多涉棉企业和研究所也在发明专利授权上颇有建树。值得指出的是，与论文发表所不同，全国棉花主产区新疆在专利申请与授权方面并不占主导地位，从一定程度上反映了其研究的重理论、轻工程实践和实际转化的问题。图5-6以词云的方式更加直观地展示了涉棉科研单位在发明专利授权中的比重。

表5-9 2021—2022年度涉棉发明专利申请(专利权)人概况

序号	申请(专利权)人	数量(项)	占比
1	中国农业科学院棉花研究所	56	0.2276
2	塔里木大学	13	0.0528
3	华中农业大学	11	0.0447
4	石河子大学	7	0.0285
5	河南大学	6	0.0244
6	南京农业大学	6	0.0244
7	新疆农业科学院	6	0.0244

续表

序号	申请(专利权)人	数量(项)	占比
8	安徽省农业科学院棉花研究所	5	0.0203
9	西南大学	5	0.0203
10	济南大学	4	0.0163
11	江苏省农业科学院	4	0.0163
12	海安鑫福缘农业科技有限公司	3	0.0122
13	河南科技学院	3	0.0122
14	济宁市农业科学研究院	3	0.0122
15	山东棉花研究中心	3	0.0122
16	广西大学	2	0.0081
17	哈尔滨工业大学	2	0.0081
18	河北省农林科学院旱作农业研究所	2	0.0081
19	河北省农林科学院粮油作物研究所	2	0.0081
20	河北省农林科学院棉花研究所	2	0.0081
21	湖南省棉花科学研究所	2	0.0081
22	界首市华宇纺织有限公司	2	0.0081
23	山东农业大学	2	0.0081
24	新疆维吾尔自治区纤维质量监测中心	2	0.0081
25	浙江大学	2	0.0081
26	浙江理工大学	2	0.0081
27	真木农业设备(安徽)有限公司	2	0.0081
28	郑州大学	2	0.0081
29	中国农业大学	2	0.0081
30	中国农业科学院生物技术研究所	2	0.0081

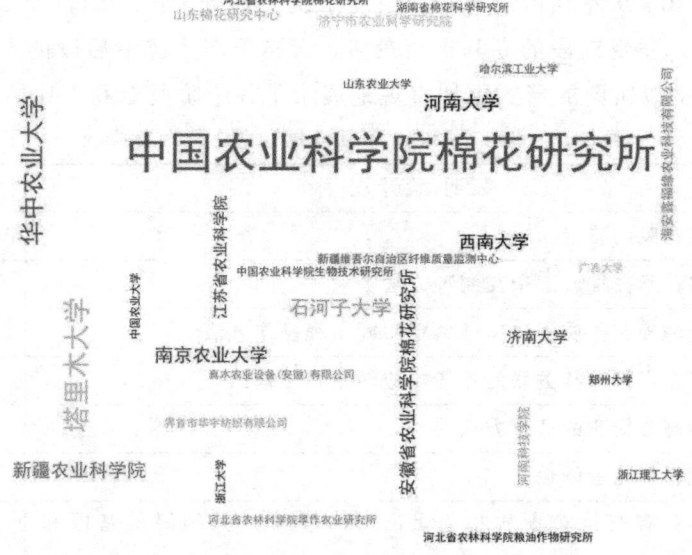

图 5-6　2021—2022 年涉棉发明专利申请(专利权)人比重

5.3.3　主要研究内容概况

与 5.1.3 节类似,根据先后顺序依次将完整棉花产业链划分为育种、栽培、植保(田间管理阶段)、收获、初加工、检测、仓储、物流以及深加工 9 个阶段。按照上述 9 个阶段依次对近两年授权的发明专利进行归类,详细结果如表 5-10 所示。可以看出在 2021 年授权的 157 项专利中,75 项属于育种阶段,占比 47.77%;15 项属于栽培阶段,占比 9.55%;28 项属于植保阶段,占比 17.83%;8 项属于收获阶段,占比 5.09%;20 项属于初加工阶段,占比 12.74%;6 项属于检测阶段,占比 3.82%;3 项属于深加工阶段,占比 1.91%;属于产业链前段的育种、栽培、植保和收获总体占比 80.25%;属于产业链中后段的初加工、检测、仓储、物流和深加工整体占比 19.75%。2022 年授权的 89 项专利中,37 项属于育种阶段,占比 41.57%;8 项属于栽培阶段,占比 8.99%;15 项属于植保阶段,占比 16.85%;4 项属于收获阶段,占比 4.5%;12 项属于初加工阶段,占比 13.48%;9 项属于检测阶段,占比 10.11%;12 项属于仓储阶段,占比 1.13%;3 项属于深加工阶段,占比 3.37%;总体来说属于产业链前段的育种、栽培、植保和收获占比 71.91%,属于产业链中后段的初加工、检测、仓储、物流和深加工整体占比 28.09%。由以

第5章 产业研究动态

上分析可以看出,从专利申请与授权角度来说存在与5.1.3节和5.2.3节中相似的情况,即属于产量链前段的专利申请较多,而属于产业链中后段的专利申请则严重不足,图5-7以饼图的形式更加直观地展示了各个阶段专利占比情况。

表5-10 2021—2022年度涉棉专利主要内容概况

序号	发明(设计)名称	阶段	年度
1	一种棉花脱脂装置	初加工	2021
2	一种棉花不去雄人工杂交制种方法	育种	2021
3	一种新疆棉花种质资源精准鉴定田间全程操作方法	植保	2021
4	一个棉花产量性状关联的乙烯响应转录因子基因	育种	2021
5	一种耐高温棉花的选育方法	育种	2021
6	一种成箱棉花运输设备	收获	2021
7	一种提高棉花抗黄萎病相关蛋白CkSYP71及其编码的基因和应用	育种	2021
8	一种监控棉花病虫害的无人机设备	植保	2021
9	一种棉花根尖特异性启动子及其应用	育种	2021
10	一种提高棉花再生及转化效率的方法及应用	育种	2021
11	一种来自棉花抗病耐旱蛋白基因GhSNAP33及其应用	育种	2021
12	棉花GhLecRK1基因在植物抗黄萎病中的应用	育种	2021
13	一种营养调节型棉花专用叶面肥	植保	2021
14	棉花GhVLN4基因在抗黄萎病中的应用	育种	2021
15	一种纺织棉花粗加工设备	初加工	2021
16	棉花GbCaMBP基因在植物抗黄萎病中的应用	育种	2021
17	棉花长纤维高表达基因GhLFHE3及其转基因棉花制备方法和应用	育种	2021
18	一种增强棉花幼苗抗旱性的方法	栽培	2021
19	棉花打顶增桃剂	植保	2021
20	一种棉花烘干机	初加工	2021
21	一种棉花长纤维高表达基因GhLFHE2及其编码的蛋白质和应用	育种	2021
22	一种杂交聚合棉花优质性状的育种方法	育种	2021
23	一个棉花产量性状关联的乙烯信号转导途径调节因子	育种	2021

续表

序号	发明(设计)名称	阶段	年度
24	一种用于纺织的棉花细屑回收装置	初加工	2021
25	能提高棉花纤维强度的异常棉染色体片段及其分子标记	育种	2021
26	一种利用联核木棉创制棉花细胞质雄性不育系的方法	育种	2021
27	用于棉花MON15985转化体纯杂合鉴定的引物组、试剂盒及方法	育种	2021
28	鸡粪沼液用于防治棉花枯萎病的应用及防治方法	育种	2021
29	棉花GbDREB基因在抗黄萎病中的应用	育种	2021
30	一种离子型高分子棉花打顶剂及其制备方法	植保	2021
31	保苗助长型棉花种衣剂及其制备方法与在防治病虫害和耐寒方面的应用	植保	2021
32	一种棉花花铃期叶面温度调节剂及应用	植保	2021
33	一种农业用可便于收集的棉花采摘器	收获	2021
34	一种年20万倍棉花制种的方法	育种	2021
35	一种适宜生产应用的棉花化学杀雄杂交制种方法	育种	2021
36	一种棉花基因的编辑方法	育种	2021
37	一种利用离核木棉创制棉花细胞质雄性不育系的方法	育种	2021
38	一种用于扑灭棉花堆垛深位火灾的水基灭火剂	仓储	2021
39	可防治棉花黄萎病的大丽轮枝菌的菌株HCX-01的制备及其应用	育种	2021
40	一种棉花被芯压实压平用自动化装置	初加工	2021
41	棉花基因GhDTX27在植物耐盐、干旱和冷胁迫方面的应用	育种	2021
42	棉花转运蛋白GhBASS5基因在植物耐盐中的应用	育种	2021
43	一种盐碱地改良剂及其在种植棉花用盐碱地改良中的应用	栽培	2021
44	一种培育果枝夹角改变的转基因棉花的方法	育种	2021
45	GhTMT2基因在调节棉花中可溶性糖积累的应用	育种	2021
46	一种棉花多基因聚合育种的分子检测方法	育种	2021
47	棉花长链非编码RNA-lnc973及其在植物耐盐性中的应用	育种	2021
48	棉花GhPHOT1-1基因在光能高效利用方面的应用	育种	2021
49	鉴定棉花品种YM111真实性和种子纯度的引物组及其应用	育种	2021

第5章 产业研究动态

续表

序号	发明(设计)名称	阶段	年度
50	提高棉花衣分的SNP标记以及高产棉的鉴定和育种方法	育种	2021
51	一种棉花免疫系统的激活剂及其应用	育种	2021
52	棉花育种基质的制备方法及其使用方法	育种	2021
53	一种棉花自动上料设备	初加工	2021
54	一种带遮雨功能的棉花晾晒设备	仓储	2021
55	一种耐低温棉花品种的育种方法	育种	2021
56	一种棉花打顶剂及其制备方法	植保	2021
57	一种悬挂式棉花打顶消毒回收装置	植保	2021
58	用于棉花黄萎病重病田的黄萎病防治方法	植保	2021
59	一种天然棉花纺织用分拨定位梳理装置	初加工	2021
60	棉花样品连续取样检测方法	检测	2021
61	一种用于纺织的棉花筛分设备及筛分方法	初加工	2021
62	一种棉花的种植方法及利用其棉花制备干花的方法	初加工	2021
63	一株防治棉花黄萎病的拮抗菌Z-18及应用	育种	2021
64	一种棉花脱叶剂助剂及其制备与使用方法	植保	2021
65	棉花衣分分子标记及其应用	育种	2021
66	一种改良土壤的棉花专用液体套餐肥及制备方法和施用方法	栽培	2021
67	一种便携式棉花采摘设备	收获	2021
68	一种棉花脱叶剂	植保	2021
69	抗棉花黄萎病的基因GbCYP86A1-1及其应用	育种	2021
70	基于图像分析的多品种全生育期棉花生物量无损测量方法	检测	2021
71	一种棉花农作物植保无人机	植保	2021
72	一种棉花与绿豆的间作播种装置	栽培	2021
73	棉花外植体直接分化为胚性愈伤组织的方法及培养基	育种	2021
74	一种用于纺织的棉花细屑回收设备	初加工	2021
75	一种分控棉花毛籽的脱绒装置	初加工	2021
76	一种适于滨海盐碱旱作区气候类型的棉花栽培方法	栽培	2021

续表

序号	发明(设计)名称	阶段	年度
77	一种鉴定常规棉花品种真实性的SSR分子标记方法	检测	2021
78	一种棉花植调剂及其制备和使用方法	植保	2021
79	一种用于脱叶的组合物、棉花脱叶剂及其制备方法	植保	2021
80	一种与棉花黄萎病抗性有关的QTL/主效基因的分子标记	育种	2021
81	一种促进弱光下棉花幼苗生长的复配调节剂及其应用	植保	2021
82	一种基于毛细管四色荧光电泳检测和多重荧光PCR扩增的高通量棉花品种指纹库构建方法	育种	2021
83	高产棉花的枣棉间作种植方法	栽培	2021
84	与棉花PSM4的光敏雄性不育性状紧密连锁的分子标记及分子鉴定方法和应用	育种	2021
85	一种响应面法优化提取棉花鲜花总黄酮的方法	深加工	2021
86	一种控制棉花叶枝生长的遮荫方法	植保	2021
87	一种棉花病虫害防治方法	植保	2021
88	棉花GbSLR1基因在植物根和分枝发育中的应用	育种	2021
89	棉花GhTCP4基因及其在改良棉纤维长度中的应用	育种	2021
90	棉花脱叶催熟组合物和棉花脱叶催熟剂	植保	2021
91	棉花杂交育种人工授粉方法	育种	2021
92	用于棉花试验田的可提醒划线装置及其使用方法	栽培	2021
93	一种棉花化学打顶剂	植保	2021
94	棉花转录因子GaMAN1在植物油脂代谢调控中的应用	育种	2021
95	一种棉花非编码RNA基因GhDAN1及其应用	育种	2021
96	一种棉花性状改良的方法	育种	2021
97	一种棉被生产用弹棉花高端装置	初加工	2021
98	一种棉花种植田用划线装置及方法	栽培	2021
99	一种高效防治棉花黄萎病的抑菌剂及其制备方法与应用	植保	2021
100	一种摆动机构及棉花自动弹纺设备	初加工	2021
101	一种含噻苯隆和L—赖氨酸的棉花脱叶催熟组合物	植保	2021
102	一种高通量分控棉花毛籽脱绒装置及方法	初加工	2021

第5章 产业研究动态

续表

序号	发明(设计)名称	阶段	年度
103	一种稀密交替环境下培育宜稀耐密抗烂铃棉花品种的方法	育种	2021
104	一种棉花育性恢复相关的分子标记及其应用	育种	2021
105	棉花胚性愈伤组织与胚状体的培养方法	育种	2021
106	一种错位叠层的棉花打包方法	初加工	2021
107	一种盐渍化土壤棉花高产播种方法	栽培	2021
108	极端干旱地区评价转基因棉花荒地生存竞争能力的新方法	栽培	2021
109	棉花转录因子GhERF071在植物油脂代谢调控中的应用	育种	2021
110	一种棉花纤维素纳米纤丝薄膜的制备方法	深加工	2021
111	一种棉花敲打装置	初加工	2021
112	一种棉花梳理机	初加工	2021
113	一种便于对土地等间距分隔的棉花种植用棉籽播种装置	栽培	2021
114	一种棉花秸秆炭化还田用节能炭化装置	收获	2021
115	球孢白僵菌类钙调磷酸酶B亚基BbCNB、A亚基BbCNA在棉花和烟草育种中的应用	育种	2021
116	一种利用棉花与印度芥菜轮作修复中低浓度汞污染农田土壤的方法	植保	2021
117	与棉花隐性芽黄基因v1紧密连锁的SSR标记及其应用	育种	2021
118	棉花恢复系恢复基因的分子标记及其应用	育种	2021
119	一种棉花播种机上切割地膜的装置	栽培	2021
120	陆地棉转化事件ICR24-378及其在棉花育种中的应用	育种	2021
121	一种以生物质棉花为碳基的催化剂及其制备方法和应用	深加工	2021
122	棉花GhACO基因在促进植物开花中的应用	育种	2021
123	一种利用过硫酸盐与高铁酸钾共同预处理牛粪和棉花秸秆混合物的方法	植保	2021
124	一种适于棉花苗期叶面肥及制备方法和应用	植保	2021
125	一种棉花紫化突变体HS2的特异性鉴定引物及其应用	育种	2021
126	一种棉花收集装置	收获	2021
127	一种基于棉花打包膜用褶皱偏移检测装置及其使用方法	初加工	2021
128	棉花打孔放苗覆土一体机	栽培	2021

续表

序号	发明(设计)名称	阶段	年度
129	一种棉花块膜打包装置及其使用方法	收获	2021
130	一种基于棉花生长期识别的变量施药控制方法	植保	2021
131	GTP结合蛋白基因GhROP6在调控棉花纤维性状中的应用	育种	2021
132	一种纺织用棉花脱壳机	初加工	2021
133	一种高产优质早熟棉花的栽培方法	栽培	2021
134	棉花GhKNAT7－A03蛋白及其编码基因和应用	育种	2021
135	一种与棉花纤维长度有关的分子标记及其应用	育种	2021
136	一种棉花育种的智能监测系统	检测	2021
137	可移动的捆包机器、棉花收割机和对捆包进行称重的方法	初加工	2021
138	一种带有防堵采摘头的棉花采摘器	收获	2021
139	一种创建有限生长株型棉花的方法	育种	2021
140	一种抗草甘膦棉花转化事件KJC017及其应用	育种	2021
141	一种鉴定棉花苗期耐盐性的方法	检测	2021
142	一种高产早熟优质多抗棉花的育种方法	育种	2021
143	一种棉花采摘分离测试试验台	检测	2021
144	超表达GhCBL2基因在促进棉花叶片中可溶性糖积累的应用	育种	2021
145	一种同步改良棉花黄萎病抗性、纤维品质和产量性状的分子育种方法	育种	2021
146	一种可对孔间距调节的推行式棉花种植用打孔装置	栽培	2021
147	一种棉花不育系制种的方法	育种	2021
148	一种棉花TBL34基因的优势等位基因及其编码蛋白和应用	育种	2021
149	调节目的植物叶片衰老进程的基因及方法及其在棉花作物上的应用	育种	2021
150	棉花GHPSAT2基因在促进植物开花中的应用	育种	2021
151	棉花光敏核雄性不育突变体及其应用	育种	2021
152	棉花黄萎病抗性相关基因GhSDH1－1的应用	育种	2021
153	一种适于棉花的生物刺激素复配剂及制备方法和应用	植保	2021
154	棉花纤维长度相关microRNA477及其前体DNA和应用	育种	2021

第5章 产业研究动态

续表

序号	发明（设计）名称	阶段	年度
155	一种智能识别棉花采摘机器人	收获	2021
156	可升降式棉花打顶机	植保	2021
157	棉花转基因事件 MON 88702 以及其检测和使用方法	育种	2021
158	一种棉花快速晾晒装置	仓储	2022
159	一种春棉花铃期的施肥方法	栽培	2022
160	一种棉花免打顶营养配方及其使用方法	植保	2022
161	棉花叶片双向电泳及高通量质谱分析的蛋白提取方法	深加工	2022
162	棉花加工设备的参数调整方法、装置、设备及存储介质	初加工	2022
163	棉花 GraiRGA 转录因子特异识别抗体制备方法	育种	2022
164	棉花 GhMADS45－D09 基因在促进植物开花中的应用	育种	2022
165	一种棉花打顶剂及其制备和应用方法	植保	2022
166	一种基于超高液相色谱对棉花花朵多胺含量测定的方法	检测	2022
167	一种直线型棉花打包捆扎系统及方法	初加工	2022
168	一种调控棉花纤维呈色的融合基因及其表达载体和应用	育种	2022
169	一种回转型棉花打包捆扎系统及方法	初加工	2022
170	棉花抗黄萎病相关基因 GhDEK 的应用	育种	2022
171	棉花抗黄萎病相关基因 GhHMGB2 的应用	育种	2022
172	棉花 GhMADS36－A11 基因在促进植物开花中的应用	育种	2022
173	棉花 GhMADS44－A03 基因在促进植物开花中的应用	育种	2022
174	一种用于棉花纱线的倍捻设备	初加工	2022
175	一种棉花种子引发剂及使用该引发剂处理棉花种子的方法	育种	2022
176	棉花打包管理系统、控制方法、棉花打包机和存储介质	初加工	2022
177	降低棉花棉酚含量的 sgRNA 及其表达载体和应用	育种	2022
178	一种手持气吸式棉花采摘装置	收获	2022
179	棉花收获机行单元的采摘单元	收获	2022
180	一种基于大数据分层聚类的棉花生产工艺优化方法	初加工	2022
181	一种利用棉花核不育杂交种选育抗病虫优质棉品种的方法	育种	2022

续表

序号	发明(设计)名称	阶段	年度
182	棉花机械化覆土定苗一体机	植保	2022
183	一种棉花中农药残留和重金属的检测设备	检测	2022
184	一种棉花细胞核雄性不育系快速选育及组合测配鉴定方法	育种	2022
185	一种田间棉花自动打顶装置	植保	2022
186	一种开松装置及纺织用棉花处理设备	初加工	2022
187	一种减轻棉花蕾期雹灾损失的栽培方法	栽培	2022
188	一种棉花播种机上切割滴灌带的装置	栽培	2022
189	一种棉花加工用棉花均匀喂料机	初加工	2022
190	棉花抗黄萎病相关基因 GhABC 及其编码蛋白和应用	育种	2022
191	一种自动对行的棉花打顶机	植保	2022
192	一种棉花隐性核不育恢复同源基因对及其敲除试剂在创造不育系中的应用	育种	2022
193	棉花仿形纵横切割打顶机	植保	2022
194	一种基于电解弱酸棉花纤维的高韧性纸巾制备方法及设备	深加工	2022
195	一种转基因棉花抗虫鉴定药剂涂抹器	检测	2022
196	一种棉花高温响应基因 GhHRK1、编码蛋白及其应用	育种	2022
197	棉花打顶机器人系统及其工作方法	植保	2022
198	一种新型棉花采摘机	收获	2022
199	一种棉花种子筛选装置及筛选方法	育种	2022
200	基于无人机影像的 SENP 棉花产量估算方法及估算模型构建方法	检测	2022
201	基于土壤水势的棉花水分监测滴灌控制方法及系统	植保	2022
202	GhVLN2 基因及其在抵御棉花黄萎病中的应用	育种	2022
203	一种带有标记的棉花雄性不育系的创制方法	育种	2022
204	一种纺织用棉花清洗烘干装置	初加工	2022
205	基于小型无人机群的棉花虫害立体监测方法与系统	植保	2022
206	一种适宜洞庭湖棉区的棉花轻简栽培方法	栽培	2022
207	一种棉花秸秆腐熟复合基质及其应用	深加工	2022
208	一种棉花种植打孔装置及棉花种植方法	栽培	2022

第5章 产业研究动态

续表

序号	发明(设计)名称	阶段	年度
209	一种抗旱耐盐型棉花品种的选育方法	育种	2022
210	棉花花基斑性状相关SNP分子标记及其应用	育种	2022
211	一种筛选抗冷棉花品种的方法及其应用	育种	2022
212	用于鉴别新陆中系列棉花品种的多态性分子标记及其应用	育种	2022
213	一种多功能计量棉花灌溉装置	植保	2022
214	一种棉花单粒种子微创取样器	检测	2022
215	一种棉花抗旱相关基因GhRCHY1及其应用	育种	2022
216	一种棉花种植用可定量施肥装置	植保	2022
217	一个棉花纤维伸长率主效QTL qFE-chr.D01区间的鉴定及应用	育种	2022
218	利用LeDNAJ基因改良棉花耐盐性的方法及应用	育种	2022
219	GhMAH1蛋白及其编码基因在调控棉花纤维长度中的应用	育种	2022
220	一种调控棉花雄性生殖发育的GhFLA19-D蛋白及其编码基因与应用	育种	2022
221	一种棉花打顶残体消毒回收机	植保	2022
222	一种可防止棉花卷入切割刀转轴的断棉机	初加工	2022
223	一种通过腐胺和固液交替培养提高棉花胚状体发生效率的方法	育种	2022
224	棉花GhCAL-D07基因在促进植物开花中的应用	育种	2022
225	棉花品种吐絮集中度的花—絮两阶段精准鉴定方法	检测	2022
226	用于转基因抗虫抗草甘膦棉花的特异性鉴定分子标记的引物组及其应用	育种	2022
227	一种与棉花纤维长度主效QTL连锁的分子标记及其应用	育种	2022
228	一种可快速拆换的采收辊、棉花采摘台及棉花联合收获机	收获	2022
229	一种棉花启动子PCGP1及其应用	育种	2022
230	一种棉花种子加工装置	育种	2022
231	一种基于超声波清洗技术的棉花清棉装置	初加工	2022
232	一种基于胚快速成苗的耐盐棉花品种的选育方法	育种	2022
233	一种用于检测棉花黄萎病病原大丽轮枝菌的RPA引物、探针、试剂盒和检测方法	检测	2022
234	一种棉花秸秆生物炭复合肥生产加工装置及其加工方法	初加工	2022

续表

序号	发明(设计)名称	阶段	年度
235	棉花 GhGOLS2 基因在控制棉花种子萌发中的应用	育种	2022
236	一种棉花种植用营养钵移栽装置	栽培	2022
237	一种棉花种植用喷药装置	栽培	2022
238	一个同时改良棉花纤维长度、强度、伸长率的B3转录因子基因及其应用	育种	2022
239	一种棉花苗期棉蚜数量监测方法及系统	植保	2022
240	一种促苗早发的棉花种植方法	栽培	2022
241	棉花黄萎病相关基因 GhBONI 及其编码蛋白与应用	育种	2022
242	双仿形棉花顶部对靶喷雾方法及装置	植保	2022
243	基于人工智能抗菌生态棉花纸纸张柔软度测试分析系统	检测	2022
244	棉花抗黄萎病相关蛋白 GhMAPK13 及其编码基因和应用	育种	2022
245	一种棉花种植用培土施肥一体装置	植保	2022
246	一种基于图像分类和目标检测的棉花发育期自动识别方法	检测	2022

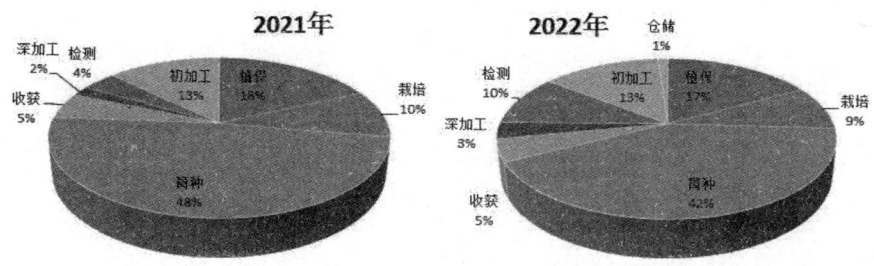

图 5-7 2021—2022 年度涉棉专利主要内容概况

第 5 章　产业研究动态

5.4 小结

　　本章主要由安徽财经大学张雪东老师主笔撰写，周万怀老师、李浩老师负责协助数据收集和分析，刘从九和徐守东老师负责审查。文中所采用的数据均来自国家自然基金委(National Natural Science Foundation of China，NSFC)，国家知识产权局(China National Intellectual Property Adminstration，CNIPA)以及中国知网(China National Knowledge Infrastructure，CNKI)等官方权威数据。这里对本章中的数据来源单位，对内容起到帮助的引文作者及相关单位表示衷心的谢意。

附录　2021/2022 棉花年度行业大事记

附录 1　强化标准实施和应用

（一）积极推进标委会制定的两项国家标准 GB/T 18353—2018《棉花加工企业基本技术条件》和 GB/T 22335—2018《棉花加工技术规范》在行业中的实施应用，新疆维吾尔自治区发展和改革委员会和新疆维吾尔自治区市场监督管理局联合下发的《关于加强棉花收购和加工环节质量管理的通知》（新发改经贸〔2021〕26号）中引用上述两项标准作为重要技术支撑，指导促进棉花加工企业装备转型升级、技术提升、工艺改良和标准化管理、规模化生产，通过机械化、智能化的作业更好地解放了劳动力，降低了劳动强度。

（二）参与制定的新疆自治区地方标准《棉花加工企业信用评定规范》和《棉花仓储企业信用评定规范》已于10月1日实施，2项标准的发布实施对有效衡量棉花加工、仓储企业质量水平和管理能力，明确后续改善方向，促进行业自律，助力新疆棉花产业高质量发展具有重要意义。

附录 2　加大行业急需的标准制定修订工作力度

2021年，标委会组织制定修订的14项行业标准 GH/T 1317—2020《棉花仓储管理规程》、GH/T 1303—2020《棉花电子仓单通用要求》、GH/T 1189—2020《液压棉花打包机试验方法》、GH/T 1305—2020《籽棉颜色检测仪》、GH/T 1306—2020《籽棉颜色测试方法　光电法》、GH/T 1304—2020《籽棉回潮率微波测量仪》、GH/T 1320—2020《棉花仓库分布式光纤温度监测技术规范》、GH/

T 1319—2020《棉包红外成像温度测量装置》、GH/T 1318—2020《棉花热解气体产物测定方法》、GH/T 1338—2021《棉花加工智能控制系统技术要求》、GH/T 1337—2021《籽棉杂质含量快速测定 近红外光谱法》、GH/T 1339—2021《棉花包装材料加工企业质量评价方法》、GH/T 1340—2021《棉花包装材料加工技术要求》、GH/T 1188—2021《铣齿机》的发布实施,有利于促进棉花生产加工体系的技术升级、工艺改进、效能提升,有利于推动智能高效轧花生产线的建设,实现规模化、信息化、标准化、科学化生产与管理;进一步提高我国标准的国际影响力,促进我国与"一带一路"沿线产棉国进行技术交流与标准体系对接,对推动我国棉花装备制造技术与产品走向国际市场发挥积极作用。

附录3 组织"棉花加工技术与标准化"和新标准宣贯培训

为发挥棉花加工行业标准化作用,加强专业人才队伍建设,标委会组织开展"棉花加工技术与标准化"线上线下相结合的公益培训活动,同时,针对新疆棉区开展5期"棉花检验加工与标准化"线上线下相结合培训模式,累计培训1500人次,培训内容立足于行业需要,既具有较强的理论性,又兼顾了实际工作中的操作性,取得良好的培训效果。

附图-1 "棉花加工技术与标准化"公益培训活动现场

开展"每周一标"标准宣贯月活动,对标准的编制背景、主要技术内容、标准实施意义等方面逐周在行业内进行宣贯解读,为新标准顺利实施打下坚实基础。

附图-2 "每周一标"标准宣贯月活动主要内容

附录 4　加强与 ISO 沟通，促成关键技术指标的认可与采纳

标委会秘书处积极与国际标准化组织（ISO）沟通，针对"ISO 8115－1：2019 棉包 第 1 部分——尺寸和密度"和"ISO 8115－3：2019 棉包 第 3 部分——包装和标记"两项国际标准的修订工作，依据中国国情和行业现状提出修改建议，在国际标准层面发出我们自己的声音，经过反复努力论证与交流沟通，促成国际标准化组织（ISO）认可与采纳我方在标准中关键技术指标的建议，表明了我国棉花加工标准化工作由国内驱动向国内国际相互促进转变，标准化更加有效推动国家综合竞争力提升，促进经济社会高质量发展，在构建新发展格局中发挥更大作用。

附录 5　组织开展"世界标准日"系列宣传活动

今年世界标准日主题是"标准促进可持续发展共建更加美好的世界"，旨在向全球展示国际标准为实现可持续发展目标做出的巨大贡献，共促实现联合国 2030 年可持续发展议程，共筑支撑可持续发展的国际标准体系，共建更加美好的世界。标委会秘书处结合棉花工业标准体系建设和产业发展现状，通过"标准与世界标准日"为主题的讨论会、行业重点网站以及行业专业杂志相结合的形式，组织开展宣传"世界标准日"系列活动。

附图-3　2021年世界标准日宣传主题

附录6　中国棉花加工行业产业发展报告

2022年1月至今，中国棉花协会棉花工业分会牵头，由全国棉花加工标准化技术委员会、中华全国供销合作总社郑州棉麻工程技术设计研究所、中华棉花集团有限公司、北京智棉科技有限公司、山东天鹅棉业机械股份有限公司、石河子大学、邯郸润棉机械制造有限公司、南通棉花机械有限公司、南通御丰塑钢包装有限公司、新疆晨光生物科技集团股份有限公司等单位组成的专家组撰写《2021年棉花加工行业产业发展报告》，全文在《中国棉花加工》期刊上发表，这标志着《2021年棉花加工行业产业发展报告》成功发布。

该报告从中国棉花加工行业现状、标准化、发挥国家队保供稳价与市场调节的压舱石作用、智能轧花、调湿、节能减排、高效打包、新型包装材料、棉花质量追溯系统应用、棉副产品加工技术等方面，阐述了棉花加工产业的最新科研成果与发展现状，对下一步技术研发和行业发展方向给出指引，有利于推动棉花加工智能装备技术与产业发展，助力棉花加工产业明确优化方向，保障我国棉花产业安全，为棉花工业的发展尽一份责任！

附录7 全国棉花加工标准化技术委员会2021年度工作会议

全国棉花加工标准化技术委员会(以下简称"标委会")于2021年12月28日召开2021年年度工作会议。由于疫情防控,本次年会采用视频会议形式举行。总社科教社团部标准质量处处长周子乔、中华棉花集团有限公司副总裁、中国棉花协会棉花工业分会执行会长韩金出席会议并讲话。

在今年新冠肺炎疫情不断蔓延的情况下,标委会担当作为,统筹推进疫情防控与行业标准化工作,服务行业,服务企业,科学组织专家论证会与标准审查会,付出了艰苦努力,交出了一份满意的答卷。主要工作有:强化标准实施应用,发布实施14项行业标准;组织召开标准审查会4次、讨论会4次;组织编撰《2020年中国棉花加工行业产业发展报告》;开展"棉花产业高质量可持续发展标准化工作行动方案"项目前期研究;组织"棉花加工技术与标准化"公益培训等。

标委会的工作基础扎实,内容丰富,希望将标委会的工作与国家市场监管总局和总社的工作要点相结合,"促发展拉高线、保安全守底线",在一流中争先,进一步创一流标准化组织,立足产业发展,在坚守质量安全底线上继续发力,把好棉花产业安全关。建议进一步完善棉花加工标准体系,加大宣传力度,持续做好标准应用、培训、宣贯、实施等工作。

标委会秘书长胡春雷对标委会2021年的工作情况和2022年的工作重点做了详细的汇报。2022年标委会将积极推进"棉花产业高质量可持续发展标准化工作行动方案"的稳步实施;加大棉花加工环节标准制定修订工作力度,根据国家战略需要,完善棉花加工工业标准化体系评估与创新,探索符合产业发展的标准实施效果有效评价方法;推进标准复审工作,清理不适应行业发展的老龄标准,增强标准及标准体系的适应性和生命力;做好标准的宣贯工作,不断提高标委会的管理和服务水平;进一步推进"中国标准走出去"国家标准外文版工作。

同时,对2021年度在标准化工作中表现出色的单位和个人及标准创新贡献奖获奖单位和个人进行了表彰。会议还对《棉花产业服务指标要求与评估方法》行业标准关键技术指标进行了论证。该行业标准是有效评估棉花加工企业服务质量的手段,推动棉花收购和加工生产标准化、信息化和规范化,强化棉花收购、加工等环节质量管理,明确后续改善方向,提升产品质量,打造中国棉花品牌,具有重要意义;为构建"企业自治、行业自律、社会监督、政府监管"的棉花质量管理和企业绩效评价机制、提升产品质量水平、打造品牌棉花、促进棉花加工转型升级和实现高质量发展提供坚实保障。

附录8 《"中国棉花"生产管理规范》发布

2021年4月22日中国棉花协会也播下一粒"棉种"——《"中国棉花"生产管理规范》(以下简称《规范》),推动行业自主标准体系建设。《规范》从生产标准出发,通过建立规范化、标准化、负责任、可持续的棉花生产、管理模式,帮助种植者不断改进生产方式,在保障优质棉花供应的同时减少对生态环境的负面影响,保护和持续利用自然资源,保障劳动者权益与福祉。

《规范》的发布是对建立中国自主棉花标准体系的重要探索,其发布和实施将填补业内空白,塑造中国棉花品牌形象。"中国棉花"是中国棉花协会2009年在国家工商行政管理总局(现国家市场监管总局)注册的商标。中国棉花协会有关负责人表示,中国棉花、纺织行业已进入高质量发展阶段,但由于生产端缺乏有影响力的自主品牌和规范,在国际纺织服装产业链竞争中容易受制于人。希望通过对生产端的规范管理,携手优秀涉棉品牌企业共同打造"中国棉花"品质国货,让更多人了解中国棉花。

附录9 2022中国棉业发展高峰论坛

2021年6月17日,在由中国棉花协会和全国棉花交易市场联合主办的2021中国国际棉花会议上,中国棉花协会会长高芳做了题为《携手并进 打造开放、包容、可持续的世界棉业》的主旨发言。

会议的主题是"打造开放、包容、可持续的世界棉业"。2020年,在中国政府有效部署和政策支持下,国内棉花、纺织企业积极复工复产,产业链上下游加强协作,市场信心逐步恢复。在防疫物资带动下,2020年纺织品服装出口额达2912亿美元,同比增长9.5%,创2015年以来新高,其中纺织品出口同比增长29.2%;随着海外经济重启,服装出口逐渐好转,2021年1—5月,纺织品服装出口同比增长17.3%,其中服装增长48.3%。国际方面,根据ITMF最新调查,预计未来几年全球纺织营业额均较2020年有所增长,其中2021年预计增长11%。纺织回暖带动棉花消费增加,中国棉花协会最新调查预测,2020/2021年度全国棉花消费量810万吨,较上年度上调5.9%。

作为全球重要的棉花生产、消费、纺织品服装出口国,中国完全有能力应对挑战,但前提是,我们自身需要不断锤炼、成长。我国棉花供给充足,但满足纺织发展需要的高品质棉花占比不足,且近几年有下降趋势;市场参与主体众多,但品牌影响力、产业协同水平和国际化运营能力明显不足;市场规模大,但标准、信息、人才队伍体系建设相对滞后,行业未来发展需要更多有力支撑。中国棉花产业仍面临供给与需求不平衡、产量与质量不平衡、传统模式与可持续发展不平衡等问题。

中国棉业、纺织业的发展得益于开放,世界各国也因此而受益:入世以来,中国纺织品服装出口总额增长5倍,占全球市场份额增长2.5倍;我们引进先进技术、交易模式,在规则、标准等方面与国际接轨,促进行业效率提升;同时,我们也积极开放国内市场,大幅削减棉花进口关税,棉花年进口量保持在200万吨左右。去年签署的区域全面经济伙伴关系协定(RCEP)生效后,将对我国纺织服装产业扩大市场规模、深化产业链合作产生积极影响;此外,我们继续加强与"一带一路"国家合作,许多国家和地区在疫情中得到中国口罩、防护服等医疗物资援助。我们坚信,开放是发展进步的必由之路,也是促进疫情后经济复苏的关键。

附录10 中国棉花协会四届五次理事会

中国棉花协会四届五次理事会于2021年7月30日以通信形式召开。大会通过投票的方式,审议通过了《中国棉花协会棉花工业分会、贸易分会相关负责人变更的建议案》《中国棉花协会关于变更理事单位理事的建议案》《关于建立中国棉花协会标准化工作委员会开展团体标准制修订工作的建议案》。

附录11　农业农村部:2022年棉花中后期生产管理技术指导意见

全国主要棉区气象条件总体适宜,棉花长势好于去年,但后期局部地区干旱、洪涝等灾害可能偏重发生。为指导各地因时因地加强中后期田间管理,农业农村部种植业管理司会同全国农业技术推广服务中心、农业农村部棉花专家指导组有关专家,研究制定2022年棉花中后期生产管理技术指导意见,详细意见见 https://www.china-cotton.org//app/html/2022/07/18/92659.html。

附录12　USDA下调2022/2023年度全球棉花消费和产量

2022年7月12日,美国农业部发布全球棉花供需预测月报,与上月相比,调高了2022/2023年度全球棉花期末库存,产量下调26.13万吨;期初库存上调,由于2021/2022年度消费量下调近43.55万吨;2022/2023年度消费量下调34.84万吨;2021/2022年度全球消费量下调,其中中国大陆占一半;2022/2023年度消费量的调整主要在4个主要消费国:中国大陆、印度、孟加拉国和越南。巴西是除美国以外唯一2022/2023年度产量下调的国家;全球贸易量下调23.95万吨,中国大陆、孟加拉国和越南的进口量均下调。巴西的出口量下调10.89万吨,反映了2021/2022年度预期产量下降。全球期末库存较6月上调32.66万吨,与2021/2022年度持平。

关于美棉数据:2022/2023年度美棉供需预测显示,产量、出口量和期末库存均下调。6月30日的种植报告显示,较之前的NASS调查报告调增了近25万英亩的种植面积,本月预计收获面积减少近60万英亩。持续低于平均水平的降水(主要在德州)意味着本月的弃种率将会更高,几乎为去年的4倍。产量较6月下调21.77万吨,为337.5万吨。出口量下调10.89万吨至304.8万吨,反映出美棉产量和全球贸易量的减少。预计2022/2023年度美棉期末库存为52.3万吨,较2021/2022年度低21.77万吨。

附录13　中国棉花协会参加国际棉花协会合作委员会线上会议

受疫情影响,国际棉花协会合作委员会(CICCA)咨询组会议于6月16日以线上会议的形式召开,中国棉花协会作为CICCA成员参加了此次会议。

本次会议审议通过了2021年CICCA全体会议纪要和财务报告。国际棉花协会(ICA)向CICCA报告韩国纺织协会(SWAK)与孟加拉国纺织制造商协会(BTMA)向其反映,部分棉商未及时告知货物船运延期的相关情况,导致纺织企业利益受损。ICA提醒在目前国际物流运输不畅的情况下,买卖双方应就任何航运或货运信息的变更进行及时沟通,避免可能由此产生的纠纷。CICCA提醒各成员协会在目前国际棉价高位运行的情况下,应着重防范未来棉价下跌后的贸易风险。此外,会议还就土耳其海关进口货物要求14天以内植物检疫证书事件的进展,以及CICCA违约企业报告制度等事项与与会代表进行了沟通交流。

国际棉花协会合作委员会(CICCA)是由18个主要涉棉国家的涉棉协会组成的国际棉业组织,中国棉花协会于2006年加入CICCA。参加此次线上会议的有中国棉花协会副会长兼秘书长王建红、外联合作部副主任胡蝶。

附录14　商务部新闻发言人就美国实施涉疆产品全面禁令发表谈话

美东时间6月21日,美国海关和边境保护局依据美国会所谓涉疆法案,将中国新疆地区生产的全部产品均推定为所谓"强迫劳动"产品,并禁止进口与新疆相关的任何产品。美方以"人权"之名,行单边主义、保护主义、霸凌主义之实,严重破坏市场原则,违背世贸组织规则。美方做法是典型的经济胁迫行为,严重损害中美两国企业和消费者切身利益,不利于全球产业链供应链稳定,不利于全球通胀缓解,不利于世界经济复苏。中方对此坚决反对。

事实上,中国法律明确禁止强迫劳动。新疆各族群众劳动就业完全自由平等,劳动权益依法得到有效保障,生活水平不断提高。2014年至2021年,新疆城镇居民可支配收入由2.3万元增至3.76万元人民币;农村居民可支配收入由约8700元增至1.56万元人民币。到2020年底,新疆超过306万农村贫困人口全部脱贫，3666个贫困村全部退出，35个贫困县全部摘帽，绝对贫困问题得到历史性解决。目前在新疆棉花播种的过程中，大部分地区综合机械化水平超过98%，所谓新疆存在"强迫劳动"根本与事实不符。美国以"强迫劳动"为由实施涉疆产品全面禁令，其实质是剥夺新疆各族群众的劳动权、发展权，会造成事实上的"强迫不劳动"，导致其被迫失业甚至返贫。

事实充分说明，美方的真实意图是抹黑中国形象，干涉中国内政，遏制中国发展，破坏新疆繁荣稳定。美方应立即停止政治操弄和歪曲攻击，立即停止侵害新疆各族群众权益，立即撤销全部涉疆制裁打压措施。中方将采取必要行动，坚决维护国家主权、安全和发展利益，坚决维护新疆各族人民的合法权益。在当前世界经济面临高通胀、低增长的形势下，希望美方多做有利于产业链供应链稳定和经济复苏的事，为深化经贸合作创造条件。

附录15 2022年棉花智能打包新技术研讨会

2022年7月21日，中国棉花协会棉花工业分会与全国棉花加工标准化技术委员会共同牵头在山东济南组织召开2022年棉花智能打包新技术研讨会。来自总社郑州棉麻工程技术设计研究所、中华棉花集团有限公司、山东大学、山东省纤维质量监测中心、新疆天鹅现代农业装备有限公司、济南煜立荣电气自动化有限公司等单位的专家参加了会议。与会专家就国外高密度智能打包机使用情况和我国棉机企业研发进展和应用前景进行深入分析讨论。专家认为采用高密度智能打包机生产加工，将提高加工效率，节能降耗，降低生产和物流成本；加快适应行业发展的高密度智能打包机落地应用以及相关配套标准研制工作。